家庭教育与心理健康指导手册（小学）

臧晓霞 周振波 主编

山东城市出版传媒集团·济南出版社

图书在版编目(CIP)数据

家庭教育与心理健康指导手册:小学版/臧晓霞,周振波主编.—济南:济南出版社,2020.12

ISBN 978-7-5488-4252-1

Ⅰ.①家… Ⅱ.①臧… ②周… Ⅲ.①小学生—家庭教育—手册②小学生—心理健康—健康教育—手册 Ⅳ.①G782-62②G444-62

中国版本图书馆 CIP 数据核字(2020)第 244648 号

出 版 人　崔　刚
责任编辑　吴敬华
装帧设计　谭　正

出版发行　济南出版社
地　　址　济南市二环南路1号(250002)
经　　销　新华书店
发行热线　0531-86131731　86131730　86116641
编辑热线　0531-86131722
印　　刷　济南新科印务有限公司
版　　次　2020年12月第1版
印　　次　2020年12月第1次印刷
成品尺寸　170毫米×240毫米　16开
印　　张　11.5
字　　数　170千
印　　数　1-3000册
定　　价　49.00元

济南版图书,如有印装错误,请与出版社联系调换。
电话:0531-86131736

《家庭教育与心理健康指导手册》丛书编委会

主　编：周振波

副主编：马　营　邢峭俏　臧晓霞

编　委：（以姓氏笔画为序）

马　营　云为刚　邢峭俏　乔延贤　刘　波　邵　雷

周　华　周振波　柳宝福　姜世强　姜俊涛　臧晓霞

本册编委会

主　编：臧晓霞　周振波

副主编：赵　敏　史先红

编　委：臧晓霞　周振波　赵　敏　刘　琦　苗　慧

史先红　徐　勇　邵　雷　邵焕之　宋　青

前　言

家庭教育，这是一个古老而又年轻的话题，这方面的研究书籍可谓汗牛充栋。我国自古就重视家庭教育，各种家训、格言、遗训、诫子书都是我国古代家庭教育的"教科书"。在现代社会，随着社会、经济、文化的发展，家庭教育作为一切教育的起点，在孩子成长过程中的作用越发重要。家庭教育成功的关键在于家长与孩子的有效沟通，这也是很多家长感到棘手与困惑的问题。基于此，笔者将从三个方面来谈谈亲子沟通。

一、亲子沟通的概念和意义

1. 亲子沟通的基本概念

"亲子沟通"指父母与子女通过信息、观点、情感或态度的交流，达到增强情感联系或解决问题等目的的过程。简单而言，"亲子沟通"即父母与孩子之间的信息交流过程。"有效沟通"是指经过传递之后被接收者感知到的信息与发送者发出的信息基本一致。也就是说，信息提供者通过恰当的方式，让信息接收者及时、准确、完整地获得其表达的信息，这才是有效的沟通。可见，有效沟通强调的是沟通双方间信息的准确传递和理解。

小学阶段跨度比较长，是孩子性格养成的重要阶段。孩子的心理特征还会随着成长而变化，各个时期会呈现出不同的特点，这些差别往往决定了教育方式的不同。作为父母更应该结合不同年龄段的孩子采用不同方式与孩子进行交流，这样会让亲子间的沟通更顺畅、更有效。

2. 亲子有效沟通的重要意义

家庭是孩子接受教育的重要环境，和谐的亲子关系和持续有效的亲子沟通是孩子健康成长的基础。有研究表明，良好的亲子沟通与青少年的自尊、同一性发展以及道德推理能力的良性发展等密切相关；而不良的亲子沟通对青少年的内隐问题行为和外显问题行为有很大影响。具体表现为以下几个方面。

首先，亲子有效沟通是培养孩子健全人格的重要途径。

父母是孩子的第一导师，孩子从父母身上学习为人处世的道理，其性格和品质在与父母的沟通中受到潜移默化的影响。亲子有效沟通对于孩子的人格发育意义重大，尤其是面对青春期的孩子。青春期正是青少年的人格、气质、价值观、人生观养成、转变和成熟的阶段，而青少年人格、气质等方面的养成，在很大程度上依赖于家庭氛围，亲子沟通在其中起到了很大的作用。很多实例表明，青少年与父母在沟通中出现的各种问题或障碍，会在他们正在成长的心理中留下阴影，对其此后的社会适应造成负面影响，甚至可能使青少年出现种种人格和行为方面的问题。

其次，亲子有效沟通为巩固学校教育效果奠定了基础。

学校教育与家庭教育是相辅相成的，亲子有效沟通能促进孩子所接受的学校教育成果的巩固和内化；如果亲子间沟通不良，则会削弱甚至抑制学校教育的效果。在与父母共同完成任务的时候，如果有良好的沟通，那么孩子单独完成作业时的成绩要明显优异。可见，亲子有效沟通将促进孩子学业的提高，对于巩固孩子学校教育的效果有积极意义。

再次，亲子有效沟通能及时化解孩子成长期中的冲突事件。

孩子在成长过程中，不可避免地会与他人发生一些冲突事件，特别是与父母间的冲突，而此时如果能保持亲子有效沟通，则可以及时化解矛盾冲突。研究发现，青少年的亲子冲突呈倒 U 型发展，亲子关系处于一种相互调整的过程。一开始，亲子之间没有形成较为成熟的沟通和互动模式，因此，亲子冲突可能呈现增长的趋势；但是在经过一段时间的探索后，亲子之间的沟通和互动模式逐渐成熟，也找到了解决相互之间问题的方法，亲子冲突就可能呈现下降的趋势。可见，孩子成长中各类冲突事件的化解，离不开亲子有效沟通的重要作用。

二、亲子沟通的误区和偏见

在亲子沟通中，家长往往会有某些误区和偏见，导致亲子沟通陷入僵局。常见的误区有以下几种。

1. 某种亲子沟通的方法适用于所有孩子

沟通没有通用的模式，与一个孩子沟通的方式并不一定适合于另一个孩子。因此，父母必须根据自己孩子的特点，创造自己的沟通方式。比如，一位母亲的儿子性格内向，沉默寡言，用一般的方法难以获得有效的沟通。于是，这位母亲根据儿子喜欢听音乐、写作和阅读的特点，经常与儿子一起到书店去，在那里听儿子向她讲述故事和书里的人物，以此了解他的想法和感受；她还和儿子一起听音乐，做儿子作品的第一个读者，不断鼓励儿子。她的儿子慢慢活跃开朗了起来。可见，成功的亲子沟通没有什么秘诀，只要你是有心人，就能找到适合自己孩子的沟通方式。

2. 沟通就是要了解孩子内心所有的想法和秘密

现在许多家长想要通过一次沟通了解孩子全部的想法和问题所在，于是在与孩子沟通的过程中不断逼问孩子，从而导致亲子沟通失败。其实很多家庭都经历过这样的事情，父母在抱怨孩子的时候，是否应该反思一下自己的行为呢？欲速则不达，静下心来，认真倾听，才能慢慢走进孩子的内心。

3. 与孩子沟通就是要听孩子说

和孩子沟通时，许多家长只会简单地用"嗯"等敷衍性的回答来回应孩子，久而久之，孩子就会失去和家长沟通的欲望。家长正确的做法是积极聆听，给孩子适时、恰当的回应。积极聆听不是不说话，而是要我们把注意力放在对方身上，去感受对方的感受，不是去猜测，而是去分析、判断，共同解决问题。

三、关于亲子有效沟通的几个建议

1. 明确自己家庭教育的目标，即我要教给孩子什么

目标是灯塔，指引着教育的方向。现在很多家长不明白要教给孩子什么，

让我们先来看看古人的家庭教育观。

诸葛亮在《诫子书》中说:"夫君子之行,静以修身,俭以养德。非淡泊无以明志,非宁静无以致远。夫学须静也,才须学也。非学无以广才,非志无以成学。"他留给孩子的是淡泊宁静。

清魏禧《给继子魏世侃家书》里说:"(聪明)若用于不正,则适足以长傲、饰非、助恶,归于杀身而败名。不然,则于无益事,小若了了。稍长,锋颖消亡,一事无成,终归废物而已。"他告诫子孙要把聪明用到正处,不能聪明反被聪明误。

从中,我们可以看出,古人教给孩子最重要的就是如何做人。

2. 加强自身修养,做孩子的榜样

孩子是父母的影子,家庭教育对孩子气质的养成是潜移默化的。家境的贫富、家长社会地位的高低,都不是决定孩子气质与心境的主要因素,家教、家风才是。家庭是社会的基本细胞,是一个人生命中的第一所学校,培养好孩子,要先从家庭教育做起,从自我做起。苏联著名教育学家马卡连柯说:"父母是孩子人生中的第一任老师,他们的每句话、每个举动、每个眼神,甚至看不见的精神世界,都会给孩子潜移默化的影响。"

所以,你想让孩子喜欢读书,就要自己先爱上读书;你想让孩子遵守交通规则,就要自己先遵守交通规则;你想让孩子积极乐观,自己就不要整天郁郁寡欢、愁眉苦脸;要想孩子尊重你,你就要先尊重孩子……当你做好自己以后,就会发现你的孩子也越来越好了。

3. 营造浓浓书香氛围,打造民主、平等、和谐的家庭关系

"腹有诗书气自华",自古以来,中国人就有着浓郁的书香情结。读书可以改变一个人的气质。给孩子创造一个安静、整洁、舒适的环境,给孩子提供必需的文化学习用品,创造清新浓郁的文化气息和高雅优美的艺术氛围(如设置家庭图书角,张贴名人字画,收看健康有益的电视节目,传播准确科学的资料信息,等等),给孩子以健康的熏陶和影响。亲子沟通在这样的环境下进行,必定事半功倍。

4. 用正确的方式爱孩子

教育孩子须懂得"爱之以道"。既不可溺爱,也不可求全责备;要做到

"威而有慈"，要有威严，浸透其中的是一种慈爱；要"严而有格"，严格批评他时，也要有一个分寸，不能大怒、过度。

5. 换位思考，力求共情

父母和孩子具有不同的性格、角色、阅历、知识背景等，往往思考问题的出发点和思维方式迥异，因此，双方在沟通中必须努力做到换位思考。正所谓"好的沟通者通常清楚自己的内心感受，也留意他人的感受"。可以说，亲子间有效沟通的关键在于父母和孩子双方高度的自我觉察和对对方的敏感度，这就需要亲子双方积极进行换位思考，力求在沟通中达到共情的良好状态。

将"换位思考，力求共情"作为奠定亲子有效沟通的思想基础，在解决亲子沟通的实际问题中给予高度重视。具体而言，可以探索建立父母与孩子间的"倾诉"机制，通过谈话、书信、网络留言等，经常交流双方对同一问题的看法和感受，从而相互理解对方的观点。特别是产生矛盾冲突时，父母与孩子一定要分别把自己的观点以及这样思考的原因表达出来，求同存异，这样才能达到有效沟通。此外，还可以在家庭中开展"今日我当家"活动，让孩子尝试家庭一天的购物、卫生等的管理和操作，体验父母一日的辛苦；而家长也可以抽空到学校感受孩子的学习生活，了解其学习压力和成长的烦恼。

我们组织多年从事小学教育的班主任老师、心理学老师、教育管理者共同撰写了这本《家庭教育与心理健康指导手册（小学）》，指导孩子建立良好的人际关系，从培养习惯、智慧陪读、亲子间沟通、关注生命安全几个方面，为家长提供一些借鉴，以期达到理想的教育目的。

由于水平所限以及教育内容、目的、效果的纷繁复杂，本书难以面面俱到，只是一孔之见，希望读者多提批评意见，我们会不断修改完善。

目 录

习惯篇

第一章 吾家有孩儿初长成 …………………………………… 1

    第一节 任性孩子诞生记 ……………………………………… 3

    第二节 生活能力从哪儿来 …………………………………… 8

    第三节 自信的孩子更易成功 ………………………………… 13

    第四节 谎言怎样开出花朵 …………………………………… 20

    第五节 面对"小拖拉" ……………………………………… 26

    第六节 陪做作业,不要"全陪" …………………………… 31

    第七节 注意力训练 …………………………………………… 37

    第八节 记忆有方法,学习有秘密 …………………………… 45

    第九节 不做只会发泄的孩子 ………………………………… 52

智慧篇

第二章 与孩儿斗智乐无穷 …………………………………… 61

    第一节 习惯成自然 …………………………………………… 63

第二节　不想写作业的孩子 ·················· 70

第三节　孩子逆反有理 ······················ 75

第四节　棍棒底下真的会出孝子吗 ·············· 81

第五节　你会夸孩子吗 ······················ 86

第六节　爸爸去哪儿了 ······················ 91

沟通篇

第三章　孩儿糗事一箩筐 ·················· 97

第一节　鞋带开了 ·························· 99

第二节　帮助孩子离开手机游戏 ················ 105

第三节　爱要怎样说出口 ···················· 111

第四节　老师告状了 ························ 116

第五节　别人家的孩子 ······················ 120

第六节　家有二孩儿，怎样爱 ·················· 126

第七节　你会跟孩子说话吗 ···················· 131

安全篇

第四章　生活中有阳光也有阴影 ·············· 139

第一节　孩子打架之后 ······················ 141

第二节　怎样和陌生人打交道 ·················· 146

第三节　谈谈生命与死亡 ···················· 153

第四节　如何应对校园欺凌和校园暴力 ············ 160

第五节　如何进行性启蒙教育 ·················· 167

习惯篇

第一章
吾家有孩儿初长成

孩子成功教育从好习惯培养开始。

——巴金

第一节　任性孩子诞生记

故事放送

明明七岁了，妈妈觉得他有不少毛病，倔强、任性，总是和她对抗。但明明比较害怕爸爸，见了爸爸像是老鼠见了猫。

一天晚饭后，明明和妈妈在小区散步。明明看到别的小孩在吃冰棍，自己也想买一根，但是妈妈没带手机也没带钱。明明却非要吃冰棍不可。妈妈一再表示没带钱无法购买，并许诺下次一定给他买，可明明仍然赖着不走。后来妈妈生气了，说："你不走，我走！"听完这话，明明干脆坐到地上，又哭又闹。妈妈气急了，转身便走。明明哭得更响了，甚至躺到地上打起滚来。围观的人越来越多，有的人还指指点点，妈妈看到后只好又走了回来，请求老板赊账买了一根冰棍。

还有一次，早上起来，明明磨磨蹭蹭就是不愿去上学，一会儿说肚子疼，一会儿说不舒服，妈妈和姥姥左哄右劝就是不行。这时爸爸走了出来，看了一眼明明，什么也没有说，明明却背起书包匆匆忙忙上学去了。

心有千千结

明明的任性是怎么来的呢？其实他的任性行为多是得到了母亲的强化，也就是说，母亲是"帮凶"。

要冰棍是个很简单的要求，妈妈没带钱，明明的要求没有得到满足，他开始撒泼打滚，母子对抗的强度逐渐升级。尽管妈妈有制止行为，如一走了之，但这些都是虚张声势，最终妈妈还是妥协了。孩子似乎很懂妈妈的套路，他知道，只要坚持、坚持再坚持，一定会战胜妈妈。

也许他最初也用这种方式和爸爸进行过斗争，但是没有得逞，因此他乖乖地该干什么就干什么。

这样看来，任性表面是孩子的问题，实质是家长的问题。

任性的原因是多种多样的，有父母的娇宠纵容、百依百顺，有隔代喂养的溺爱娇惯，也有少部分是孩子自制力差，易冲动，父母用训斥、打骂等方式回应孩子的一切"不合理要求"，导致孩子产生逆反心理，以执拗来对抗父母。

更为糟糕的是，父母并没有认识到孩子的任性是由自己不当的教育方式导致的。孩子的任性是大人一点一点"妥协"、一步一步"训练"出来的，而大人们却把问题一味地推卸到孩子身上。

心灵小贴士

什么是任性？苏联著名教育实践家和教育理论家苏霍姆林斯基说："假若孩子在实际生活中确认，他的任性要求都能得到满足，他的不听话并未招致任何不愉快的后果，那么就渐渐习惯于顽皮、任性、捣乱、不听话，之后就慢慢认为这是理所当然的。"

其实，小孩子的很多行为只不过是试探，如果第一次就阻止他，他基本不会有第二次同样的行为。任何时候，孩子都会用自己的办法寻找底线，当家长坚持不住的时候，对孩子任性的培养就开始了。

面对任性的孩子，难道就束手无策了吗？建议试试以下方法。

1. 转移孩子的注意力

孩子注意力集中的时间比较短，父母可以利用这一特点想办法转移他的注意力，改变他的任性行为。如孩子在游乐场玩得正高兴，这时妈妈有事急着赶回去。如果妈妈说"我们回家吧"，孩子会说"再玩一会儿"；如果妈妈说"上次咱们不是说要坐双层的大公交吗？咱们这次坐在上层好不好？"，孩子可能就会暂时把兴趣点转移到双层公交车上。这样妈妈就可以顺利地领着他回家了。

2. 采用"负强化"的方法

当孩子任性时，有的家长大声训斥、恐吓，甚至打骂，这些都不能解决问题。面对孩子的任性，可以用"负强化"的方法，即不予理睬。例如孩子吵着要买玩具甚至在地上打滚，父母可采取不劝说、不解释、不打骂的方法。当孩子有了被忽视的感觉，他就会慢慢平静下来。此时父母可以心平气和地与他交谈："我知道你不开心，但刚才你那样做妈妈也很不开心。"父母一定要表现出自己的态度，跟孩子讲道理，分析他刚才的行为对不对。

3. 让孩子学会等待

即培养孩子延迟满足的能力。关注过多，也会导致孩子产生行为问题。与延迟满足相反的是即时满足，也就是有求必应，一求百应。这样带来的后果是：

（1）性格急躁；

（2）无法感受到幸福；

（3）不知道爱惜；

（4）不懂得尊重别人。

所以不要不加区分、不加约束、不加延迟地满足孩子的所有要求。要培养孩子的一种意识：在自主完成某项任务、达到某种行动目标后，才能获得心理的、物质的满足，这就是一种好的自我意识的训练方法。

任性的教育，任性的结果

任性的教育，会导致任性的结果。有些事情表面看起来是没有问题的，但是家长任性的"想当然"，却导致结果背道而驰。

现在流行超前教育，家长们望子成龙，纷纷走进"任性的超前教育"大军当中，但是这样不仅不会将孩子培养成天才，还会对孩子的健康成长造成一定的影响。不一定每个家庭都能培养出高分学生，但是，如果家长注意方法，一定可以培养出一个积极进取、健康的孩子。

我们先来看神童王思涵。在家长无微不至的"关注"下，王思涵10岁就以优异的成绩考进了东北育才中学少年班。只读过小学三年级的他，用4年的时间完成了初、高中课程。2001年，14岁的他以572分的高考成绩考进沈阳工业大学自动化专业。就在我们期待王思涵会有一个锦绣前程时，却传来了一个令众人震惊的消息，本该毕业的王思涵，却因"除英语及格外，其他科目成绩为0"，被学校"责令退学"。

那么，在神童王思涵身上到底发生了什么事情呢？王思涵要比班上的孩子小4至5岁，他的生活自理能力很差。他的母亲说："他在家从来没有做过家务，我们也不让他做家务，洗碗、洗袜子这些他都不会。有一次他本来想要自己去洗碗，却被他父亲狠狠批评了一顿，就再也不敢了。"王思涵的学习生活很简单，中学生活＝学习＋睡觉，大学生活＝看书＋发呆。学习成了他生活的全部，虽然他的智力超群，但是他的人际交往能力、适应社会的能力以及抗挫的能力都未能得到锻炼，以致他上了大学之后，无法适应大学的生活。在大学四年里，他拒绝参加一切活动，不愿意与老师、同学交流，深陷亲人不在身边的痛苦中无法自拔。几年后，"神童"返归故里，可是谁也没有料到，人们看到的却是一个需要父亲贴身陪护且目光呆滞、反应迟缓的混沌少年。知情者说，"神童"学呆了！

再看比尔·盖茨。比尔·盖茨从小智力超群，从小学到哈佛，都是尖子生。他从小有远大的目标，做事非常执着，可以三天不睡觉，意志力非常强大，任何困难都挡不住他。从13岁起，盖茨享有绝大多数同龄人享受不到的自由。父母允许他晚上独自去华盛顿大学用电脑，在假期四处旅游、打工。他曾在华盛顿州首府奥林匹亚当过州议会服务生，在首都华盛顿当过国会服务生。高中时，他还休学一段时间，跑到华盛顿州南部的一座发电厂做电脑程序设计员。如何将一个叛逆男孩培养成微软公司创始人、全球首富以及美国最大慈善机构创始人？比尔·盖茨的父亲老比尔·盖茨的答案是："逼"他成熟，然后给他充分自由和支持，但适时加以引导和敦促。这段"天马行空"的自由成长期，成了他成功的奠基石。

在不同的家庭教育观念下，结果是不一样的。

第二节　生活能力从哪儿来

故事放送

这是件真实的事情……

小丽（化名）参加了 2013 年的全国高考，取得了不错的成绩，被青岛一所学院录取了。9 月 5 日，家人陪同小丽到学院报到，为的是照顾小丽。小丽入校之后，她的母亲并没有离开青岛，而是在学校附近的宾馆住了下来。母亲担心从小娇生惯养的女儿无法适应学校的生活。

开学后，学生最初的经历大都是军训。军训的确会让新生吃"苦"，烈日炎炎下的大练兵，总有些学生会无法承受。只军训了两天，辅导员老师就接到了小丽母亲的电话，称小丽因为感冒要请假。小丽感冒治好后回到学校，她的母亲很快又给她请病假。再次病愈返校，小丽的母亲提出要给小丽办理退学手续。其间老师还劝说小丽以及她的父母，但对方执意要退学，声称小丽无法自己面对住校的集体生活。9 月 18 日，手续办理完毕，小丽正式退学。

小丽的故事在很大程度上反映了当前独生子女教养中存在的问题，他们不会洗衣服，不会铺床叠被，不会整理自己的物品，有的孩子甚至在家连碗都没有洗过，独立生活能力非常差。而造成这一切的罪魁祸首，就是高举

"爱的旗帜",以爱的名义伤害自己孩子的父母。

韩国教育部发表的《2012学年中小学学业中断现状调查结果》表明,从第一学期开学日的3月1号到第二学期结束的当年2月28日为止,韩国中小学生退学人数为6.8万余人,其中一半都是高中生。据分析,96%的学生是自愿退学,其中最主要的原因是"不能适应学校生活",以此为由退学的学生占一半。在我国,近几年在校大学生自动退学率已接近3%,每年退学人数约50万。

其实,这种生活能力差的问题在小学就已经显现出来。随着独生子女的逐渐成长,他们暴露出来的问题越来越多:常常以自我为中心,任性、专横;娇气、怕吃苦,抗挫能力差;胆小、孤僻,社会适应能力差;缺乏独立性,依赖性强,懒惰,生活自理能力差。

独生子女家庭很多都是六个大人围着一个孩子转,家长们给予了孩子无微不至的关怀,甘心做孩子的"保姆",结果导致他们得不到一点应有的锻炼,也养成了严重的"骄娇二气"。家长们对子女照顾得太好了,以致他们什么事情都依赖家长,缺乏独立处理问题的能力。

有很多高学历的父母,对孩子的期望值很高,全副身心都投入到对孩子智力的开发、才艺的培养上,认为孩子参与家务劳动是在浪费时间。哈佛大学在进行一项长达20多年的跟踪研究后发现,爱劳动的孩子与不爱劳动的孩子相比,失业率为1:15,犯罪率为1:10。这也正是世界各国都十分重视对青少年进行劳动教育的原因所在。劳动不只是洗衣、做饭、打扫卫生,更是务实、做事、操作、实践。劳动教育的意义,贵在让人用身体丈量物理和心灵的世界。

美国育儿专家伊丽莎白·潘特丽针对不同年龄段孩子的特点设计了儿童学做家务事年龄表。在该年龄表

上，孩子9个月大时开始被培养做家务的意识，2到3岁帮忙晾衣服、浇花，3到4岁帮忙取报纸、铺床，5到6岁帮忙擦桌子、收拾房间，7到12岁帮忙洗车、擦地、做简单的饭、打扫厕所，13岁以上要会换灯泡或者修理草坪。

心灵小贴士

著名教育家陈鹤琴老师说过这样一句话：凡是孩子自己能做的，应当让他自己做。他一针见血地指出了当下家长们教育的误区。

什么是生活自理能力？是指人们在生活中自己照料自己的行为能力。一般包括：①在生活上能自己处理各种日常琐事，比如做饭吃饭、整理房间、学习、简单购物等，独立处理一些事务；②在人际关系上能处理好各种关系；③在心态上，能独自承受生活学习上带来的一般压力，接受失败；④在学习上能独立思考，独立理解。

每个孩子都是独立的个体，总有一天他要独立面对这个纷繁的世界，家长们做好放手的准备了吗？无论让孩子做家务还是其他事情，都要信任孩子，放手让他做，不要怕孩子做不好。对孩子要鼓励，让他做一些日常生活中的事情会让他更加有自信。这样培养出来的孩子才能适应飞速发展的时代，面对问题时才不会手足无措，而是会积极地想办法解决问题。

做父母的必须学会"袖手旁观"

孩子在遇到困难的时候，总会习惯性地向大人求助。父母准备去帮助孩子的时候，可以先缓一缓，看看孩子遇到的困难是他真的难以解决，还是因为他懒，不想自己动手。如果是孩子能做到的事情，父母要学会袖手旁观，让孩子自己去做。如果孩子确实遇到了他自己解决不了的事情，父母可以想一想如何引导孩子自己思考解决办法，然后一步一步去实现它。总之，不要二话不说就大包大揽，这样孩子无法变得独立。

通过身体力行的劳动锻炼孩子，只要从小循序渐进，孩子一定会更加独立自主，并且具有很强的适应能力。看看下面的事情，让你的孩子做一做吧。

（1）区分农贸市场和超级市场。

（2）了解关于做饭的基本常识，例如什么是味道浓厚，什么食物有害于身体，懂得烹饪用语（松脆、煸炒、生食、熟食）。

（3）学做一道拿手菜，试着把握"少许"盐的用量大约是多少。

（4）向他人学习削水果皮，然后打开果核看个究竟。

（5）会修理简单的东西。购买物品时会首先考虑维修是否方便。

（6）能在家长的帮助下尝试钉钉子，拧螺丝，换电池，换灯泡。

（7）研究一下拉链和门锁，会使用插销和钥匙。

（8）对计量单位要有了解，比如3公升相当于3个装满的牛奶瓶。试着用自己的身高丈量房间。

（9）统计家里一天的垃圾情况，包括类别、重量、是否可回收等。

（10）扫地、擦地、擦桌子肯定都尝试过，但是怎样迅速地完成呢？家长与孩子一起探讨一下有哪些技巧。

雏鹰学飞

鹰妈妈要生宝宝了，她从四处撷来枯树枝、荆棘条，在悬崖边上选个向阳的位置筑巢。小鹰刚出壳，在巢里嗷嗷待哺，鹰妈妈就出去四处捕食，回来喂饱小鹰们。

随着小鹰一天天长大，原本宽敞的鹰巢开始变得拥挤，它们在拥挤的巢中跳跃，叽叽喳喳，经常会被荆棘条上的刺刺伤。而鹰妈妈也发现再也不能喂饱所有的小鹰了，每天捕回来的食物总是有限的，但是小鹰们的食量天天见长。虽然被刺得遍体鳞伤，还总是半饥不饱，但小鹰们还是每天都等待鹰妈妈回来喂食。

有一天，鹰妈妈觉得是时候让孩子独立了，天空才是雄鹰的家，于是它猛力把鹰巢打翻。小鹰们突然从巢里掉落，向悬崖下面坠去。它们止不住内心的恐惧，一边坠落一边拼命挣扎，拼命地扑腾翅膀。终于，小鹰们展开了翅膀。小鹰们开始鼓动翅膀,一下,两下。小鹰们在上升的气流中找到了平衡,它们稳住了,可以滑翔了。它们又加快扇动翅膀的频率,可以上升了,小鹰们飞起来了!它们飞到悬崖上面,远远超越了山顶的高度。小鹰们在那里快乐、骄傲地盘旋。

它们终于成了真正的雄鹰!

第三节　自信的孩子更易成功

 **故事放送**

自信是一个人非常好的品质，一个有自信的人会显得更有魅力，一个自信的人更容易把握机会，做事也更容易成功。你相信智力可以靠后天努力而改变吗？

1978年，美国斯坦福大学心理学教授卡罗尔·德韦克和她的同事做了一项实验：他们找来一群孩子玩拼图，观察他们的行为和情绪反应。拼图开始时很简单，后来变得越来越难。实验之前，教授就预

料到，孩子面对困难时会有不同的反应。事实也确实如此。随着拼图难度的增加，有些孩子开始抗议："现在一点儿都不好玩了！"有的孩子实在受不了，选择了放弃，有的甚至直接将拼图推到地上。

但没预料到的是那些"成功孩子"的表现。当面对特别难的拼图时，一个10岁的男孩拉来一把椅子坐下，搓着双手，咂吧嘴巴，然后说："我喜欢这个挑战！"另一个呢，则露出喜悦的表情，然后斩钉截铁地说："我期待这个拼图会非常有意思。"

为什么两类孩子在面对困难时会有如此大的区别？是由于智商上的差异吗？不是的。智商并非根本原因，而且智商并非不可改变。这些孩子之间的根本差异在于思维模式，思维模式的差异会导致他们在智商上出现分化。思维模式，简单地说，就是你看待世界的方式。

有很多伟大的成就并不是由优秀的人才或某种技巧创造的，成就这些事的人往往有着异于常人的豁达，我们称之为自信。

心有千千结

有这三种表现的孩子，大抵很自信：一是不怕失败，二是独立，三是喜欢肯定自己。

生活中，我们常会看到这样几种状态：自信，自卑，自负。对于孩子们来说，他们的自我评价主要来自周围人对他们的看法，家庭则是他们自我评价的第一参考体系。

1. 自信

加拿大有句谚语：自信意味着已成功了一半。自信在每个人通向成功的道路上起到了举足轻重的作用。如果孩子能够从小认识到自己的长处，具有良好的自信心，那么成年以后，当他独立面对世界的时候，就更有勇气面对困难的挑战，战胜困难而成为生活的强者。可以说，孩子自信心的培养，是父母对孩子教育成败的关键之一。

2. 自卑

自卑的孩子有这样的表现：夸大自己的缺点，忽视自己的优点，自己瞧不起自己。只喜欢听表扬的话，稍微批评一下就难过，甚至吧嗒吧嗒掉眼泪。这样的孩子极度渴望得到表扬，需要通过别人的肯定才能认识到自己的优秀。有的孩子到哪儿都黏着父母，这样的孩子会比较害羞，怕生，跟别人打招呼都不敢抬头看。遇事迎难而上是强者，遇事退缩逃避是弱者。很多不自信的孩子，在遇到事情后总会选择逃避，推卸责任，不敢承担，即使是面对一个机会一次挑战，也会选择放弃，这样就错过了成长锻炼的机会。

意大利教育家玛莉亚·蒙特梭利说："一旦孩子内心有自卑感，孩子的生活就会充满冲突。而随之出现的胆怯、退缩等不良个性，则会与孩子形影不离。与之相反的是自信，自信使孩子能掌握或驾驭自己的行为。"

3. 自负

生活中的一帆风顺，则很容易使孩子养成自负的性格。如果家长溺爱孩子，对孩子总是夸不绝口，对其缺点视而不见，避而不谈，会使孩子觉得自己相当了不起。入学后，一旦被老师贴上好学生的标签，他们会进一步强化自负心理。

未到自信，便是自卑；过度自信，便是自负。无须自卑，不要自负，坚持自信，做最好的自己！这是我们一直要追求的状态。

为什么你的孩子不自信？这也与家庭教育方式有关。作为父母，你是否为孩子包办一切？很多时候，你是否替孩子做决定？你是否以为孩子啥也不懂？自信的品质在孩子幼小的时候就应该开始注意培养。孩子面对陌生和未知的世界，虽然满心好奇，有探索的欲望，但是体验之初都会带有几丝畏惧和担心。在家长的鼓励下他们会大胆尝试。"不用怕，去试试，我相信你能做到。"一句简单的话语，一个坚定的眼神，一个温暖的拥抱，都是给予孩子最大的支持。

如果家中有一个不自信的孩子，父母先别"乱投医"。一般孩子缺乏自信源自父母对孩子的过度关爱和保护，或是对孩子有过多的斥责和批评。孩子正处于心理发育的敏感期，父母一句不经意的话，可能会直接打击孩子的自尊心和自信心。这种不当的教育方式，极可能影响孩子正常的心理成长。

许多父母对孩子的期望值很高，而且总喜欢拿自己的孩子与其他孩子进行比较。每个孩子都有自己的优点和缺点，当孩子发现自己的父母总是只看自己身上的缺点或者是薄弱的地方，而对自己的优点视而不见的时候，孩子怎么会有自信呢？

爱迪生说，"没有失败，只有离成功更近一点儿"。父母们没有意识到：自信心的形成，与孩子从小获得父母的支持有很大关系。对孩子表示无条件的支持（不管怎样我都爱你）和对孩子不表示无条件的支持（你对我来说无关紧要），两种态度培养出来的孩子截然不同。

培养孩子自信心可以从以下几方面着手：

1. 先从一些小事上培养自信

小事完成了，多给自己些鼓励，坚持去做。只要对自己有信心，事情就变得很容易解决，这是因为心里"有底气"。但是有些孩子总担心这担心那的，不敢去尝试，认为自己什么都做不好，这就是缺乏对自己的认可，不自信。作为家长，要相信孩子能做好。在孩子提出想法的时候，如果觉得孩子的意见不够成熟，可以基于孩子想法提些建设性意见，不要一口否决，否则会让孩子质疑自己，从而导致他们的自信心越来越弱，最终失去自信，更别提做好一件事情了。

2. 看着别人的眼睛说话

一个人的眼神可以透露出很多的信息。谈话的时候要直视别人的眼睛，这不仅是对别人的尊重，也是自信的表现。不正视别人通常意味着：和你在一起我感觉自卑，感到不如你。躲避别人的眼神意味着：我做了或想到什么我不希望你知道的事；害怕接触别人的目光，感觉自己会被看穿，秘密会被别人发现。这都是一些不好的信息。正视别人等于告诉别人：我很诚实，而且光明正大。我告诉你的话是真的，毫不心虚。教育孩子看着别人的眼睛说话，这不仅是礼貌问题，更重要的是它能让孩子更加自信地面对别人。

3. 昂首挺胸，快步行走

心理学家认为，人们行走的姿势、步伐与其心理状态有一定关系。懒散的姿势、缓慢的步伐，跟对自己、对工作以及对别人的不愉快的感受联系在一起。改变行走的姿势与速度，有助于心境的调整。步伐轻快敏捷，身姿昂首挺胸，会给人带来明朗的心境，会使自卑逃遁，自信滋生。逐渐培养孩子"走快25%"，抬头挺胸，他就会感到自信。

4. 在人多的场合大声发表自己的见解

当众讲话，需要巨大的勇气和胆量。内向、胆小，对自己缺乏自信的孩子，在课堂上总是沉默寡言，只要老师的眼光看到他，他就会低头躲避，即使发言，声音也非常小。家长可以鼓励孩子从主动发言开始，参与演讲、主持等，让孩子在取得成功时一次次感受到内心的充实喜悦，这样自信心自然而然就有了。当众发言被看作是自信心的"维他命"。

推荐一部电影：《奇迹男孩》，讲的是一个 10 岁的男孩，从小面瘫，在家庭的关爱、同伴的友谊、学校的包容下，勇敢走进学校、融入社会的成长故事。透过这部电影，你可以看到父母对孩子自信心的影响。

在家中引导孩子进行下面的体验活动，让孩子看到自己的长处，发现自己的优势，知道自己的进步，增强自信。

1. "夸夸我自己"活动

这并不是"王婆卖瓜"，而是"优点自查"。写出 10 条自己的长处或优势，实在想不起来，可以请别人帮忙。

例如：我会做饭，我愿意帮助人……

2. "我不满意自己"活动

引导孩子坦承对自己的不满意，以平常心接受不完美的现实。列出对自己不满意的方面，可以是生理上的，也可以是性格上的，还可以是学习、生活中的。至少写出 5 点（越具体越好）。

例如：脸上长满青春痘，不讨人喜欢，上课会做小动作……

按以下思路和家人一起分析问题：

①哪些是不可以改变的。

②哪些是可以改变的。

③哪些是短期内可以改变的。

④哪些是需要一段时间才能改变的。

⑤哪些是借助外力可以改变的。

 拓展阅读

你小小的认可，或许就是孩子的全世界

很多父母很"乐于"帮孩子找问题，指出孩子哪里做得不好、有什么缺点：这道题居然做错了，太粗心了吧？今天上课发言了吗？老师表扬你了吗？肯定没有吧？每天起床这么晚，拖拖拉拉，以后怎么办？我都讲这么多遍了，还听不懂吗？这些话既具体又戳心，像一根根刺一样，直戳孩子的心房。

著名的罗森塔尔效应，您是否熟悉？1968年的一天，美国心理学家罗森塔尔和雅各布森来到一所小学，说要进行7项实验。他们从一至六年级各选了3个班，对这18个班的学生进行了"未来发展趋势测验"。之后，罗森塔尔以赞许的口吻将一份"最有发展前途者"的名单交给了校长和相关老师，并叮嘱他们务必要保密，以免影响实验的正确性。其实，罗森塔尔撒了一个"权威性谎言"，因为名单上的学生是随便挑选出来的。8个月后，罗森塔尔和助手们对那18个班级的学生进行复试，结果奇迹出现了：凡是上了名单的学生，个个成绩有了较大的进步，且性格活泼开朗，自信心强，求知欲旺盛，更乐于和别人打交道。

每个孩子潜意识里都是爱父母的，他们会把父母的评价，内化为对自己的评价。

在童年时期，因为对自身和外界的认识、理解都非常有限，所以我们不知道怎么去评价自己，只能求助于父母。如果父母肯定了我们，我们就能肯定自己，逐渐生长出自信；如果父母否定了我们，我们就会从头再来，改造自己；如果一直没有得到肯定，我们就会开始怀疑自己。

台湾著名作家三毛在《一生的战役》里曾经写过："我一生最大的悲哀，并不是要赚得全世界，而是请您欣赏我。"这个您，就是她的父亲。后来她的父亲看到了这篇文章，写道："很感动，深为身边有这样的小草而骄傲。"三毛泪流满面，回道："等你这句话，我等了一生一世，直到今天你亲口说出来，才抹去了我在这个家庭永远抹不掉的自卑和心虚。"

这个世界上有太多的孩子跟三毛一样，因为小时候得不到父母的认可，内心坍缩成一个洞，终身都在渴求着。不是每一个孩子都像三毛那样坚强，他们可能会迷茫、彷徨，最终被打上没自信、没出息的标签，实在是可惜。所以，千万不要低估认可的力量。

想想自己：你第一次正式地、认真地、具体地认可孩子，是什么时候？

第四节　谎言怎样开出花朵

一

在火车上,妈妈接到孩子辅导班老师的电话:"老师,别听他的,今晚上他没有其他的课!别信他!这熊孩子,又撒谎!"放下电话,这位妈妈又自言自语地说:怎么回事,总是撒谎!

二

孩子没完成作业,老师给家长打了个电话。孩子爸爸说:"这不可能吧!昨天我没下班呢,孩子就给我打电话说他的作业在学校里完成了!我到家后,他还翻着给我看了,写了好几页呢!晚上我还陪他读了书,说这是老师要求的!"

三

有位家长这样说:"我知道儿子这次考试考得不好,但他一会儿骗我说老师没发卷子,一会儿说卷子丢了,还煞有介事地在书包里找来找去。还有一次,他直接把70分改成了99分。真担心他的学习成绩下降,更担心他说谎变坏。"

亲爱的家长，面对孩子的谎言，你会怎么办呢？

人为什么要说谎呢？说白了，就是被逼的。孩子的谎言其实就是被大人"逼"的。

日本绘本作家中川宏贵在《谎话》中总结得很好：

想被夸奖的时候，

想不挨骂的时候，

想不被嫌弃的时候，

想不让一个人掉眼泪的时候，

想让一个人相信的时候，

想守护什么的时候。

这个世界几乎找不出从不说谎的大人，也找不出从不说谎的小孩。

加拿大多伦多大学心理学儿童研究所曾进行过一项研究，结果发现：2岁的孩子中，有30%会撒谎；3岁时，将近一半的孩子会撒谎；而大于4岁的孩子，绝大多数都会撒谎。

孩子说谎，总是会令父母深感头痛，很多时候，无论对孩子施以多么严厉的处罚，也很难把他们矫正过来。不得不承认，虽然在大多数父母的眼中，撒谎是一件很恶劣的事情，但也是一件再正常不过的事情。

当你面对孩子说谎的时候，是狠批一顿，是视而不见，还是担心焦虑？其实，孩子说谎并非大人眼中的道德问题，切勿盲目批评，否则就可能真的把孩子推上说谎之路。在各种幼稚的谎言背后，都藏着孩子内心真实的需求。

孩子经常说谎，其实很多问题根源出在家长身上，每个孩子的行为习惯都有家长的影子。请你回想一下孩子的成长历程，是不是有这些熟悉的画面：妈妈不同意孩子吃雪糕，奶奶会在孙子的再三要求下，偷偷买来给孙子吃，并叮嘱孩子"千万别给你妈妈说"；孩子看见邻居小朋友拿着妈妈新买的手枪，很羡慕，嘴上却说"我爸爸买了一支比你的还要漂亮的冲锋枪"，其实他爸爸从没给他买过；妈妈亲眼看见女儿将牛奶洒在地上，但当她问起这件事情，女儿却矢口否认，还说是小猫碰的……

许多家长意识不到自己一些细小的行为给孩子带来的影响。例如，不喜欢接待来访人，就教孩子说"如果某人来找我，就说我不在"；做了不愿让妻子知道的事，就对孩子说"别让你妈知道"；还有家长说到做不到，给孩子空口许诺等。由于父母在孩子心目中有一定威信，父母说的或是做的孩子认为都是对的，逐渐地他也就学会了说谎。经常看到家长说谎，孩子会产生"说谎不为错"的错觉，最起码这为他们的说谎壮了胆。

造成孩子喜欢说谎的因素有很多。当发现孩子说谎时，作为家长不要一竿子打死或一直追问到底。其实有时候说谎也没有那么可怕，找到原因，针对情况对孩子进行引导，谎言也能开出花朵。据专家统计，儿童说谎话67%是由畏惧和怕嘲笑引起的，10%与儿童的想象、夸张有关，只有20%的孩子是故意说谎。心理学研究表明，撒谎其实是孩子认知发育的结果之一。

面对谎言，给家长们几点建议：

1. 对孩子犯过的错误反应不要过度

哲学家罗素说过，孩子不诚实几乎总是恐惧的结果。孩子犯了错误时不要劈头盖脸地批评一通，这样只能逼得孩子掩盖错误。任何行为都是在初始时最容易矫正，所以当家长发现孩子说谎时，要重视这个问题，并要适时惩罚。一般孩子在第一次说谎时会感到极度不安，即使侥幸蒙混过去了，也会十分担心。如果家长不及时发现制止，孩子会习以为常，撒谎成性。孩子做错事的代价越大，孩子撒谎的概率就越大。

2. 不要经常问招致孩子撒谎的问题

有的父母执着于"揪出谎言"，明明知道问题的答案，却假装不知道，像侦探似的审问孩子。一旦孩子撒了谎，家长就跟猫逮住老鼠一样，揪住不放。

比如：

明知道孩子打碎了杯子，却问："是不是你干的？"

目睹孩子在看课外书，却问："不好好写作业，又偷偷看课外书是不是？"

看到孩子偷藏手机，却问："你又偷偷打游戏是不是？"

这样的"逼问"，只能让孩子"理直气壮"地辩解——我没有！

3. 父母要以身作则

有句话说得特别好：不要用"谎言"教育孩子"不要说谎"。要想让孩子诚实，父母要以身作则，严格要求自己，不在孩子面前说谎；对孩子或他人的承诺要认真履行，犯错后要及时承认错误，并认真改正，做好孩子的第一任老师。

4. 不要给孩子贴标签

如果家长一味指责，总是说孩子爱撒谎、好骗人，久而久之孩子就会逆反，他们会这样想：既然在你眼里我没有实话，那索性就说谎吧，还能少挨揍，还能得到自己想要的。既然没有信任，那诚实和谎言也没什么区别。在孩子成长的道路上，家长最需要做的是一个旁观者和协助者，而不是评判者、仲裁者。

下面是网上很火的英国小学生守则，你一定会从中得到启发：

（1）平安成长比成功更重要。

（2）背心、裤衩覆盖的地方不许别人摸。

（3）生命第一，财产第二。

（4）小秘密要告诉妈妈。

（5）不喝陌生人的饮料，不吃陌生人的糖果。

（6）不与陌生人说话。

（7）遇到危险可以打破玻璃，破坏家具。

（8）遇到危险可以自己先跑。

（9）不保守坏人的秘密。

（10）坏人可以骗。

尤其是最后两条——"不保守坏人的秘密"和"坏人可以骗"，实在比我们经常教孩子"不要说谎"要高明得多。

孩子说谎一般有这样几种情况：

1. 获得认同

有的孩子想象力丰富，描述事情时，常常掺杂着自己想象的场景、人物，说得绘声绘色，以达到效果，分不清现实与幻想。这类情况多出现在幼儿时期。

2. 攀比心作怪

这类孩子大多数很虚荣，有时也是为了引起别人的关注。

3. 逃避责任与惩罚

这是说谎中最常见的一种原因，往往出现在小学阶段。有些父母，每逢孩子做错了事，便要骂要打。孩子怕骂怕打，便用说谎来掩饰自己的过错。

4. 模仿大人行为

如果家长经常说谎，孩子多半也不会诚实。

5. 讨好别人

孩子说谎往往情有可原，但说谎绝不是一个可以被鼓励的行为。父母要让孩子明白，说谎不是一个满足个人需求的适当方式，如果有任何需要，可以直接告诉自己，而不是以说谎来达到目的。不要一再向他们追问真相。还可与孩子约法三章，如果之后孩子犯了错或违反约定，爸妈不会打他、骂他，但是会给予他其他替代性的惩罚，例如减少看电视时间、不允许吃零食等，让孩子学习怎样为自己的行为负起责任。

说谎虫

在英国，"叫虫"又被称为说谎虫，它来源于下面的故事。

英国有两个小男孩，他们是小哥俩。他们喜欢捉虫子玩，要是捉到一条虫子，心里就乐滋滋的，像吃了蜜糖似的。

爸爸见他们这样喜欢虫子，就给他们讲了达尔文的故事。达尔文家里有很多很多虫子，这些虫子有几只脚，几只眼睛，爱吃什么，什么时候生娃娃，达尔文都知道。达尔文是世界上有名的科学家。小哥俩听了，急忙问爸爸："达尔文在哪里，我们想见见他。"爸爸告诉他们过几天达尔文爷爷要来他们家做客！原来，达尔文是爸爸的朋友。小哥俩多高兴啊！调皮的弟弟眨巴着眼睛，在哥哥耳边说了几句悄悄话，哥哥点着头连声说："好！好！"

第二天清早，小哥俩背上书包，拿着竹竿和网兜来到树林里，东奔西跑，忙了整整一天，捉了许多虫子。回到家里，他俩悄悄关上房门，忙开了。他们扯了知了的翅膀和脚，留下了光光的身体，将花花绿绿的蝴蝶翅膀和带着小钩子的蚱蜢大腿，还有天牛的长角须，用胶水粘成一条怪模怪样的虫子标本。他们想考考达尔文，看他是不是真的像爸爸说的那样有本领。

过了几天，达尔文真的来了。弟弟向哥哥挤挤眼睛，然后对达尔文说："爷爷，昨天我们从树上捉到一条虫子，样子怪极了，可就是不知道叫什么名字。"哥哥连忙说："真的，我们翻了好些书，也没有查出他们叫什么名字。"达尔文一听这两个孩子逮到了怪虫子，可来劲了，马上要看看。小哥俩相互做了个鬼脸，就拿出一只匣子来，递给达尔文。达尔文揭开盖子一看，是一条怪模怪样的"虫子"，差点笑起来。可他马上装作惊奇地说："哎呀，这条虫子真怪，我也没见过呀！"小哥俩可得意啦，心里在说：达尔文爷爷被我们考住了。"你们留意没有？"达尔文问，"在捕捉的时候，它会不会叫呀？""会叫，会叫，唧唧吱，叫得可好听呢！"这时候，达尔文再也忍不住地笑了起来，说："那就把它称作'叫虫'吧。"接着，达尔文指指他们的鼻子说："在咱们英国，'叫虫'也叫作'说谎虫'！"这下子，全家人都笑了起来。小哥俩对达尔文爷爷更尊敬了。

第五节　面对"小拖拉"

故事放送

朋友家有个8岁的小女孩,很活泼。朋友带她来我家做客,这孩子对什么都很好奇,总是这个房间看看,那处地方爬爬,桌子上、柜子里的东西总要摸一摸,摆弄摆弄。我觉得孩子很可爱,但朋友一谈到女儿却是眉头紧锁,唉声叹气。问其原因,竟然是孩子有"拖延症"。

事件一:从小一洗手就没完没了,催她吃饭,她会说"马上就来",可过了十多分钟也不见人影。一次带她出去参加活动,她洗手洗了半个小时才出来。她喜欢在卫生间里玩水,弄得满地都是,说她很多次她也不听。

事件二:上学后,每天起床都得妈妈三番五次地催,就是不愿起床,常常连早饭都来不及吃,有时还迟到被老师批评。

事件三:每天晚上写作业磨磨蹭蹭,才上二年级就经常写到八九点钟。开始以为是她不会写,后来发现,她写一会

儿玩一会儿，再吃点东西，还要喝水、上厕所，没写多少就说累了，要歇一会儿再写。

妈妈每天筋疲力尽，对女儿好说歹说，软硬兼施，却是收效甚微。每每谈到女儿，她都很头痛，唉声叹气。

您是不是也见到过这样的孩子呢？

心有千千结

越来越多的父母开始抱怨，孩子慢慢长大了，本以为不用再费那么多精力了，没想到孩子却患上了"拖延症"。举手可办的事情，就是拖着不肯做。做作业十分拖拉，明明一小时就能完成的功课，偏要熬到深夜，有的甚至要求家长代写，帮忙收拾残局。

拖延症是指自我调节失败，在能够预料后果有害的情况下，仍然把计划要做的事情往后推迟的一种行为。拖延是一种普遍存在的现象，一项调查显示，大约75%的大学生认为自己有时拖延，50%认为自己一直拖延。主要表现为：时间观念不强，自控力较差，做事精力不集中。严重的拖延症会给人的身心健康带来消极影响。其实这些都是小时候留下的问题。

随着孩子年龄的增长，其生活和学习节奏也逐渐加快，但拖拉的情况却日趋严重起来。到底是什么原因使孩子拖延成性，并且愈演愈烈呢？很多家长把原因归咎于孩子的懒惰、习惯等，其实这种情况最主要的原因是孩子的自主神经发育或者锻炼不足，大脑的自控力不足。

故事中小女孩的行为准确地说还不能称为"拖延症"，但孩子做事情确实有拖拉的毛病，如果不及时干预、引导也会逐渐发展成"拖延症"。怎样帮助孩子避免成为"小拖拉"，或者改掉拖拉的毛病，这需要针对每个孩子的情况具体分析。造成拖拉的原因不外乎下面几条：

（1）注意力不集中。

（2）任务超过承受能力，对孩子来说难度太大。

（3）兴趣索然。

（4）其他事物的吸引力更大。

（5）时间观念不强。

（6）外界环境有干扰。

孩子的行为取决于父母怎么去做。父母需要改变自己的教育方法：尊重孩子的想法，从简单、有趣的任务开始，培养孩子的专注力，让孩子体验成功的喜悦；让孩子从小形成良好的时间观念，做事有始有终；创造好的环境，让孩子能专心做事。孩子在写作业，家长在看电视，却还要警告孩子专心一些，这种例子不少。孩子写作业，而家长在一旁认真工作或看书，情况就大不一样。家长可以帮助孩子制订计划，合理安排时间。

心灵小贴士

针对最常出现的几种情况，建议家长从以下几个方面做起：

1. 制定时间表

家长需要想办法让孩子认识到时间是世界上最宝贵的财富，可以与孩子一起讨论磨蹭的害处。小孩子对时间的概念是比较模糊的，他们不知道快一点做完事情能有什么好处，当然也没有意识到慢一点做事有什么不好。如果父母平时又忽视对孩子进行时间观念的强化，那么孩子就很难感受到时间对自己的意义，容易养成拖延的坏习惯。

针对这种现象，不要总是批评孩子"你太慢了！"，也不要一直用语言催促"快一点儿！"。你可以用一个"时间提醒人"的身份进行提醒，和孩子约定完成事情的时间。

2. 进行注意力训练——1分钟专项训练

（1）训练孩子专心做题。准备几十道简单的加减法口算题（根据不同年级，设置不同难度），规定时间1分钟，看孩子最多能做多少道题。目的主要是让孩子意识到：自己1分钟能做十多个题，而平时写作业的时候几分钟也做不出一个题。训练一段时间后可延长至5分钟，再让孩子感受5分钟是个怎样的概念。

（2）1分钟写字训练。找一些笔画和书写难度相当的生字，看孩子在1分钟内最多能书写多少个。记下每次的情况，并进行对比。

（3）1分钟写数字训练。每天练习1分钟"0123456789"的快速书写。写1分钟算一次，看一次能写几组。

训练时以1分钟为一组，每天练习三至五组。在训练的时候注意记录孩子的成绩，并对比总结经验，练习时间以一星期为宜。

3. 停止催促，坚持正面激励

孩子做事情磨蹭的时候，很多家长喜欢不断地催促，结果是越催促孩子的动作越慢，家长也越生气。孩子如果做某件事情的速度快，这时应该给予表扬。比如，"今天穿衣服快多了！""今天吃饭怎么这么快！"这样的话要及时说。但千万不要说成"现在穿衣服快多了，如果写作业也这样快就好了"。只表扬，不提孩子做得不足的地方。要通过表扬，激发孩子内在快的动力。

4. 帮助孩子消除干扰

每一次拖延都是由环境中的一些诱因引起的，如手机，各种适合孩子玩的小游戏，这些都会让孩子沉迷其中，完全不想做其他事情，无法在完成其他任务的过程中集中注意力。再比如孩子进餐的时候电视里正在播放动画片，于是许多孩子会情不自禁地边吃边看，这样一来孩子自然会吃得很慢。在孩子学习时，家长应当尽量地给他创造一个较为安静、不受干扰的学习环境，不要上网玩游戏，不要给朋友打电话唠嗑，不要时不时地去问寒问暖，即使做家务也要尽量不发出声音。

5. 通过运动来改变

鼓励孩子积极主动地参与一些体育活动，比如打篮球、羽毛球等，这样能增强手脚的协调能力、配合能力，还可以在活动中提高竞争意识，从而提高做事的速度。

拓展阅读

用"艾森豪威尔矩阵"来决定做事情的先后顺序：

（1）重要紧急的事情：立刻去做。

（2）重要但不紧急的事情：决定何时去做。

（3）不重要但紧急的事情：交给他人去做。

(4)不重要且不紧急的事情：搁置一边，之后再去做。

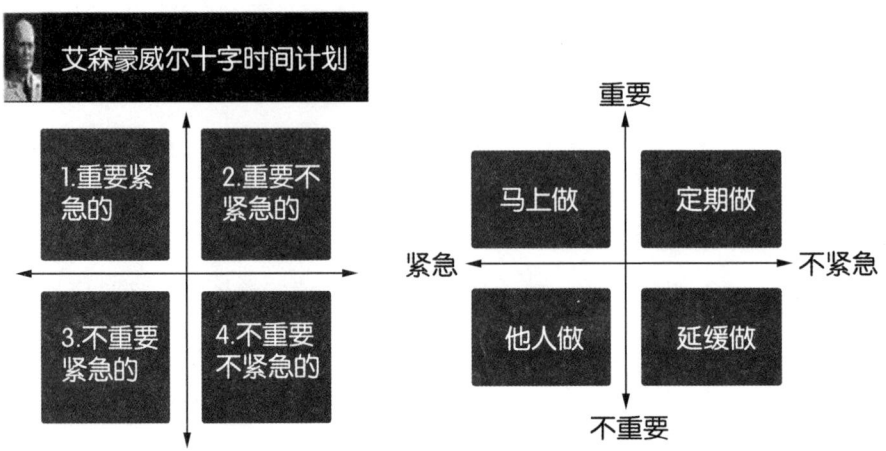

这样一来，艾森豪威尔的工作生活效率大大提高。

如上图，画一个十字，把自己要做的事情都放进去，然后先做重要而紧急的事情。

第六节 陪做作业，不要"全陪"

故事放送

时间真快，从初为人父至今已经过去了7个年头，小孩也从牙牙学语变成了一名小学生。听同事说小孩读书以后家长是要陪读的，几乎没有时间出去娱乐了。以前听到这些我会对他们说，让小孩自己读就好了，何必家长这么陪着啊，再说小学又没有什么关系的。还觉得他们好傻，被小孩忙得团团转，现在我已经是深有同感了。

去年，儿子上一年级。我想陪读时我坐在孩子身边应该就可以吧，哪承想，陪读的第一星期还好些，从第二星期开始他就非常地黏人。每天的作业至少3种，包括各科的动手作业，语文的默写，数学的口算，还有背诵，每天的签名不下3个。真没想到，从放学写到吃晚饭，吃完饭再继续写，很多时候要做到9点才能完成。我就坐在儿子旁边，督促他，辅导他，有的时候还要做点后勤工作，拿水、削笔、录音……于是我白天上班，晚上做陪读，虽然重温了小学一年级的知识，但是身心疲惫。曾经有一次单位里有活动，我由于回来比较晚，就没有给孩子默写，结果第二天孩子默写不及格，我还受到了老师单独"电访"。于是我只好吸取教训，从此不敢大意。

做个家长也真难，但为了孩子的前途，只能付出时间和精力了。一想到今后还要继续陪读下去，我真怕自己会心力交瘁。

相信陪读过的家长也会有以上的体验吧。最近，有研究表明，目前最伤害家庭亲子关系的事情就是陪读陪写作业。

我也听过周围很多父母的抱怨，说起陪读，都感觉头大。陪孩子写作业，经常"陪"得家里鸡飞狗跳。可以说，辅导作业成了父母最大的痛点。很多家长在朋友圈晒出了陪写体验，有的妈妈秒变"母老虎"，更有甚者说自己陪写作业陪到心梗住院装支架……其实在这个问题上，许多家长心中充满疑虑："陪读"需不需要？有没有更好的办法，既可辅导学习又能培养好习惯？

心有千千结

陪读，顾名思义就是陪同孩子读书。从广义上讲，陪读是家长从生活到学习，全程参与的一种行为。从狭义上讲，就是一般家长所说的，孩子放学后陪同孩子写作业并予以指导的行为。从相关调查结果来看，31%的孩子每天写作业要3小时以上，28%的孩子2~3小时，30%的孩子1~2小时，只有11%的孩子用了不到一小时。除了陪做作业，还得陪课外辅导班。调查显示，68%的孩子都参加了课外辅导班。

家长怎样说？

家长说，孩子写作业时总出现拖拖拉拉、注意力不集中、做题粗心、字迹不工整、朗读不准确等问题，多次指导后孩子毛病仍未改正，自己就难免控制不住情绪，提高嗓门，甚至大声斥责、动手。其实，这是因为家长对孩子的期望值比较高。如果孩子的实际能力和自己的期望值有差距，家长就发火，这样反而会使孩子畏惧学习。

心灵小贴士

总的来说，家长陪伴孩子学习，要陪出成绩，伴出习惯。平时，父母忙于工作，不可能时刻陪在孩子的身边。孩子终究要长大成人，离开陪伴，离开港湾。父母所能给予孩子最好的成长礼物莫过于好的习惯。

孩子每一个好习惯的养成都得益于家长智慧的陪伴。可陪伴成长的过程，家长们却走了太多弯路。让我们一起聊聊应该怎样陪伴吧。

1. 陪伴不是变相打击

有些家长陪孩子写作业时，嘴巴不闲手不闲，更有脾气暴躁的全程骂骂咧咧，甚至动手动脚。孩子每写一字，每做一题，家长都唠叨个没完："这一撇咋就这么难看？""头太低了！""不对不对，这一点太大了！"

孩子稍稍停顿，家长就河东狮吼："现在几点啦，还磨蹭！"这样的陪伴，时间长了，恐怕孩子与家长都会"精神分裂"。很多家长总是把打击孩子美称为"建设性批评"，这种"建设性批评"只能换来自卑和创伤。

父母这种监督式的陪写作业，是对孩子注意力的一种干扰，不但起不到好作用，反而让孩子产生压迫感。其实，在这种紧张、焦虑的氛围中，孩子的学习兴趣和能量之门很难打开。这个时候，家长再怎么说教他也听不进去，改不过来。

2. 陪伴不能敷衍

陪伴孩子不是做做表面文章，更不是虚情假意，要拿出工夫，拿出耐心，为孩子创造陪伴的环境，让孩子能够轻松愉悦地完成任务。陪的是孩子，伴的是真心。坐在孩子身边，拿着手机，眼不离屏幕，心不在焉，怎么能让孩子全神贯注？一边看手机一边陪孩子，这样你会不知不觉地被手机中的内容吸引，连孩子讲什么话都听不到。孩子会认为你的陪伴态度是敷衍的，感情也会与你疏远起来。

3. 陪伴不是帮忙

有些家长只认准"陪伴"二字，抓紧了孩子不放，容不得孩子有喘息的机会，成了全天候的陪伴。孩子遇到一丁点儿困难就忍不住出手相助。陪孩子写作业，并不是帮孩子写作业，不要让孩子养成有一点不懂就直接问你的习惯。其实这样做一方面会打乱孩子做作业时的专心度，导致孩子走神，另一方面会打断孩子做题和写作业的思路。

你可以先问一下孩子有多少家庭作业，然后让孩子选择先做什么，再让孩子独立完成。家长要轻手轻脚地做自己的事情，而不轻易打扰孩子。如果孩子遇到不会做的题，可以告诉孩子先做其他的，最后再做不会的，这样就可以节省时间，也不会打断孩子的思路。

4. 讲题只讲关键点

对于有些难题，父母可能一时也编不好例题，那么可以就这个原题分析它的关键点在哪里，找到什么条件就容易解了，让孩子根据父母的提示去思考、列式计算；不能将算式直接列出来，或者直接告诉孩子第一步做什么、第二步做什么……如果这样辅导孩子，他只能一知半解，解题思路也不容易打开。

5. 进行鼓励

家长事先预测孩子需要多长时间完成今天的作业，然后和孩子约定好时间。开始培养习惯时可以许诺给予奖励，最好是关于孩子兴趣爱好方面的奖励。当孩子一周内达到了在规定时间内完成作业的要求时，可以周末带他去游乐园，或者允许孩子参加自己喜欢的兴趣班，或者带孩子去看个电影，等等。尽量不要采用物质奖励，且不管作业质量如何，家长都要表扬孩子按时完成作业的行为。

以下事情家长要注意：

不要一遍又一遍地催孩子赶紧去写作业；

不要长篇大论地演说写作业是多么多么的重要；

适当的鼓励可以，但千万别用钱；

陪读家长要戒掉手机、关掉电视，拿起书本、营造氛围，这样才能完成成功陪读的第一步；

不要带着二宝一起来陪读；

陪读多在一、二年级，以帮助孩子养成良好的习惯。高年级的孩子不需要陪读，可以听听孩子的想法。

不催，不敷衍，陪出成绩，陪出效率。

爱的教育

[意大利] 埃德阿米琪斯

亲爱的恩利科：

正如你母亲批评的那样，你觉得学习是件苦差事。说真的，你从未高高兴兴，精神抖擞地去上过学。这是我不愿看到的。你是个很不听话的犟孩子。恩利科，你听我说，你想过没有，要是你不到学校去，那是件丢脸的事，人人都会瞧不起你。在这样的情况下，我敢肯定，过不了一个星期，你就会合拢双手，举起来，苦苦哀求我们把你送到学校去。时间一长，你就会对打闹逗乐和无所事事的生活感到厌倦和羞愧，良心受到责备。我的恩利科呦，现在人人都在学习。几乎在同一时刻，不知道世界各国有多少孩子正在去上学的途中。

你只要发挥一下自己的想象力，眼前就会浮现出下列情景：他们有的正快步走在恬静的乡间小路上，有的正穿过大都市的喧闹街道，有的正穿梭在海滨和湖畔；还有的正顶着似火的骄阳大步行走，或骑马奔驰在辽阔的原野上，或乘船行驶在水乡泽国，或滑行在皑皑雪原中；还有的途经山势险恶的云雾蒙蒙地带，正长途跋涉在深山峡谷中，或穿过茫茫林海，或跨越激流险滩，或行走在万籁俱寂的羊肠小道上……

你完全可以想象得到，这是一支由一百个国家组成的密密麻麻的儿童大军，你也属于这支奋勇前进的庞然大军中的一分子。要是他们的这种奋进停止了，整个人类即将陷入愚昧和野蛮的混乱之中，这种奋进代表世界的进步、希望和光荣。

你是这支浩浩荡荡大军中的一个小兵。你要鼓起勇气，奋起直追。你的书本就是你的武器，你的班级就是一支小分队，战场就是整个大地，胜利就是人类的文明，我的恩利科啊，千万别做战场上的逃兵！

你的父亲

遗子孙以清白

徐勉虽然官位显要,但无心经营产业,家中没有什么积蓄。所得的薪俸实物,他都分送赡养亲族中穷困贫乏人家。他的弟子和老友曾善意地劝说他要为家人考虑,徐勉回答说:"别人给子孙留下的是财物,我给子孙留下的是清白。子孙们有才干,那么他们自己会创造出财富;如果他们没有一点本领,即使留给他们一大笔财产最后还是归于别人。"

徐勉写信告诫他儿子徐崧说:"我家祖辈清廉,所以家境一直贫寒,至于家产这类的事情,从来都不曾提过,不只是不经营而已。我的底子薄没有背景,只是机遇好。慢慢有了今日的尊官厚禄,可以说是什么都有了……古人所说的以清白留给子孙,不也是很丰厚的吗?又说给子孙留下满箱的黄金,倒不如给他们留下一部经书。细细地琢磨古人说的这些话,确实都不是空话。我虽然没有多大才能,实有一定主见,只要能够做到古人所说的话,我是不会有一点放松的……"

第七节　注意力训练

故事放送

莹莹9岁了，是爸妈和老师眼中的"问题"孩子：上课不专心听讲，动来动去，总是不小心把课桌上的物品碰落到地上，影响其他同学；做作业拖拖拉拉，一会儿喝水，一会儿上厕所，错题接连不断；别的孩子背课文都背熟了，就她记不住；遇到期末考试，总是丢个点儿落个数……为此，老师时不时地提醒家长。

莹莹爸妈也很苦恼，打也打过，骂也骂过，就是没什么效果。朋友建议上辅导班，说课余时间多补补就好了，可是辅导班老师也反映上述问题。再加上平时双休日都用来补课，孩子一点休息时间都没有，竟开始厌恶学习了。

一边是繁忙的工作，一边是注意力不集中总是出状况的孩子，莹莹爸妈都快患上焦虑症了。真不知道该怎么办才好！

心有千千结

关于注意力的问题，有关报道曾这样论述：受生理、心理等因素的影响，许多中小学生都存在不同程度的注意力缺陷，又称"视听觉障碍综合征"。

专家给出了一组数据，是关于各年龄段孩子的专注力大概可以保持多久的，供大家参考。

8—15个月的孩子专注60秒左右

16—19个月的孩子专注30秒~2分钟

20—24个月的孩子专注30秒~3分钟

2—3岁的孩子专注2~3分钟

3—4岁的孩子专注3~5分钟

5—7岁的孩子可以专注15分钟

7—10岁的孩子可以专注20分钟

10—12岁的孩子可以专注20~25分钟

12—14岁的孩子可以专注30分钟

专家还认为，孩子无法集中注意力往往是受下列因素的影响——

（1）外界的干扰。

（2）缺乏营养。

（3）不感兴趣，因为缺乏真正的引导。

（4）引导过度，压力增大。

（5）缺乏睡眠。

（6）任务看上去太难，因此没有兴趣。

孩子注意力不集中、作业拖拉、考试成绩差，表面看是小问题，事实上却往往隐藏着"大祸害"。那么，注意力不集中，危害究竟有多大？

天才和庸才的差距，往往就差在注意力上。不管是孩子还是大人，专注于一件事情越长久，在学习和工作上就越出色，效率也会越高。因为他们能很快投入精力抓住最重要的部分，而不受周遭无关事情的打扰。

国外的一项研究报告证实，98%的孩子智商都是差不多的，只有1%的孩子智商是天才，也只有1%的孩子智商有障碍。那为何孩子成绩悬殊那么大呢？最主要的原因就是注意力不集中，无法持续地学习与做事。

注意力不集中，很可能会成为"问题"孩子。注意力不集中的孩子都会有点多动现象，多动的孩子在课堂上常常坐不住，喜欢交头接耳，破坏课堂纪律，一般都是老师批评的对象。国外专注儿童教育的机构，通过调研得出：孩子长期的注意力不集中、好动不安、上课不专心、爱做小动作，会造成感觉综合失调，在成长的过程中，他们更容易给家长添麻烦，惹是生非，甚至成为打架、逃学、早恋等问题孩子。

注意力不集中，影响人际关系：由于注意力不集中，学习成绩差，受到老师和学生的排斥，受到家长无意的谴责，没有人愿意和他在一起，心理容易产生孤单自卑感。经常冲动任性、注意力不集中的孩子，情绪不稳定，容易与同学发生冲突，经常搞小动作，师生关系不融洽；自控能力差，导致产生极大压力，引发父子、母子之间的矛盾。

注意力不集中导致不自信，成功面前望而却步：注意力不集中的孩子，由于任务完成得不好，考试成绩差，而受到家长和老师的责骂，久而久之，其自信心就会受到伤害。很多孩子一自卑就更加完成不好任务，往往还没做事，就表现出悲观、失望、胆小、怯懦等问题。

看到这里，家长们，你们还会认为孩子注意力不集中不是什么问题吗？专家指出，注意力是可以通过有规律的大脑训练来加强的。孩子经常表现出不够全神贯注，可能是因为家长平时有意识的训练太少了。

注意力可以称之为一切能力之母，如果你的孩子存在某些方面的注意力缺陷，在听课和作业这两大学习环节上的效率一定会低下，这将直接影响他的学习成绩。而且注意力问题不会随着年龄的增长而自然消失，必须借助专业的工具与手段进行科学训练才能解决。

专家说：孩子注意力不集中，90%都是父母惹的祸！

对于如何帮助孩子提高专注力，专家强调了以下几点：

（1）不要吝啬赞赏，也不要过多责备。这里要注意，尽量不要只夸孩子聪明，而是要肯定他付出的努力。另外，孩子犯了错误，不要直接责备他、否定他，而要告诉他，即使犯了错也没有多糟糕，很多事本来就没那么容易，人人都可能犯错。

（2）不要打搅孩子。当孩子在专心做一件事时，不要打搅他，也不要强行说教。

（3）适当休息。在孩子学习或者练习的过程中，当他感到累时，一定要让他每隔20分钟左右就休息三五分钟。有规律的休息，能够帮助孩子更好地再次投入到学习中，延长全神贯注的时间。

家长要带着更多的耐心，最好提前制订一个计划，慢慢增强孩子的专注力，定期、有规律地陪着孩子做专注力训练。各种培养专注力的训练方式，需要交替使用。

注意力训练方法一：舒尔特方格

著名的舒尔特方格测试法，不但可以简单测试注意力水平，而且是很好的训练方法。舒尔特方格还是心理咨询师进行心理治疗经常用的方法。

可自制一个舒尔特方格，其图由25个方格组成，格子内任意排列1～25共25个数字。要求以最快的速度从1找到25，要边读边用手指出，父母可以帮忙计时。7—8岁儿童完成时间是30～50秒，平均40～42秒；正常成年人完成时间是25～30秒，有些人可以缩短到十几秒。数完25个数字所用时间越短，说明注意力水平越高。

可以多制作几张这样的训练表，每天练习一次，每次练习三张。家长用秒表计时后记录成绩，每次练习换不同的训练表。除了25格外，还可以根据练习情况增至36格、49格、64格等。

6	10	15	2	22
13	24	4	1	16
3	12	8	20	11
19	7	23	14	5
17	25	9	21	18

25 格

训练孩子注意力，家长要有耐心，持之以恒、循序渐进。可以根据孩子的年龄特点，选择有趣的方法，让孩子在一定时间内学会集中注意力。开始可以是 5 分钟，然后是 10 分钟，一次训练时间尽量不要超过半小时。家长要注意观察孩子的情绪，训练时间的长短一定要根据孩子的年龄与性格来决定，不要用家长的标准去衡量与要求孩子。

注意力训练方法二：复述数字

让别人报出一组数字，如 5473869，让孩子重复。可以从 7 位数字开始，当他感觉很容易了，便升到 8 位，再升到 9 位，当升到 12 位时便不要再升了。每天只能升位一次，不要贪快。可以将这个游戏每天"玩"10 分钟左右，练习一个月。

注意力训练方法三：学播音

在广播、电视播送新闻时，播音员说一句，让孩子学一句。指导孩子学说上句时，耳朵要注意听下句，否则就学不下去。每天 5 分钟左右即可，连续一个月就能跟得上，到连续学 10 分钟不错 5 个字时，孩子的专注性就达到良好了。

注意力训练方法四：抄书

将孩子喜欢的书、报刊上的好文章抄到一个专门的文摘笔记本上。刚开始抄书时，一次看的字数不得少于 6 个，慢慢增加。当平均每次能看（记住）约 15 个字时，孩子的专注性就已经训练得很不错了。

注意力训练方法五：手指训练

单手大拇指与食指对点，然后大拇指与中指对点，再然后大拇指与无名指对点，最后大拇指与小指对点。先慢再逐渐加快。先是单向点，然后往返点,最后慢慢过渡到双手同时做。这种方法既能锻炼孩子的专注力,也能很好地锻炼手指的精细动作。

注意力训练方法六:静坐

这一项练习听上去特别简单,但是对孩子来说却不是容易做到的。在固定的时间段里让孩子安静地坐着,是培养专注能力最基础的练习。坐好后,背挺直,调整呼吸。可以与孩子做"木头人"游戏,不说话也不动,看谁保持的时间最长。从短短的一分钟开始,慢慢延长时间。

注意力训练方法七:儿童瑜伽、围棋、(国际)象棋或者竞技类运动

学习瑜伽,可以让孩子安静下来,努力做好每一个动作;围棋和国际象棋等棋牌类脑力劳动需要孩子沉着思考和盘算,提前考虑好几步之后的战术,能增加孩子对同一事物的持续关注力;而跆拳道、空手道这一类的竞技运动,对于培养孩子的观察力有很好的帮助,也有利于培养孩子的自信心和专注力。

注意力测试文字量表

一、指导语

这是一份关于注意力的测试,题目内容是一些以第一人称描述的情况。如果你发现题目中所描述的情形与自己的情况相符,请在括号里画"√";如果题目中描述的情形与自己的情况不相符,请在括号里画"×"。

二、请注意以下几点

1. 所有题目都没有"正确答案",读完每一个句子后凭第一印象填答。

2. 虽然没有时间限制,但尽可能争取以较快的速度完成,愈快愈好。

3. 请不要有遗漏,务必回答每一个问题。

三、对下列测试题作答

1. 妈妈教导我的时候,我常常会左耳进,右耳出,不知她在说什么。(　)

2. 做作业时,语文作业还未做完,我就急着做数学作业。(　)

3. 我常常看漫画书,很少看只有文字的书。(　)

4. 一有担心的事情，我会终日忧心忡忡，干什么都提不起精神。（ ）

5. 我老爱穿那一两套自己特别喜欢的衣服。（ ）

6. 上课时，我常常会想起其他事情，以致影响到听老师讲课。（ ）

7. 做作业时，我会觉得时间过得特别慢。（ ）

8. 一件事干得太久，我就会很不耐烦，急切地盼望快点结束。（ ）

9. 哪怕很小的事情我都担心自己做不好。（ ）

10. 被老师批评后，我始终忘不了当时的难堪情景。（ ）

11. 我做事情喜欢拖拖拉拉。（ ）

12. 期末复习时，我喜欢一会儿复习这科，一会儿复习那科。（ ）

13. 放假时，我会用几天时间把所有作业做完，其余时间尽情地玩。（ ）

14. 在等人时，我会觉得特别心烦。（ ）

15. 读书时，20分钟不到我准会分心。（ ）

16. 要我参加我不喜欢的活动，我特别难受。（ ）

17. 上课时，教室外无论发生什么事情都会引起我的注意。（ ）

18. 和同学聊天时，我会不知不觉地说起话题外的事情。（ ）

19. 学校集会时间稍长一点，我就会不耐烦，哈欠连天，也不知道主持人说什么。（ ）

20. 我的兴趣爱好好像很长时间都没什么改变。（ ）

四、评分标准及分析

"√" 0分，"×" 1分。总分为20分。得分越高，注意力越强。

0～4分　　注意力差

5～9分　　注意力稍差

10～14分　注意力一般

15～17分　注意力好

18～20分　注意力很好

1. 得15分以上

具备了成功人士必备的一个素质——高度集中的注意力。无论你干什么事，都能排除外界干扰，将整个身心沉浸其中。你除了学习成绩比较好，其他方面也容易取得佳绩。但你也容易误入歧途，比如玩电子游戏，你会寻根究底，乐此不疲，从而导致学习注意力下降。因此，你应该学会正确发挥注意力集中这一优点，把超常的注意力运用到最能促使自己发展的方面，例如运用到学习，读课外书，做科技小发明、小制作等方面，这样你才会拥有超常的注意力，才能真正获得超常的智慧。

2. 得9分以下

做事情总是心猿意马，三心二意；做作业粗心大意，成绩也不怎么理想。你常常有这样的感觉：本想集中精力干一件事，可是由于各种原因，你总是分心，或者你本身就是一个好动的人，静不下来，结果浪费了许多宝贵时间。如果不想办法提高你的注意力，不管你的天资如何好，你在很多方面都会事倍功半。

也许，你会认为那些有成就的人，先天就有很强的注意力，其实不然，他们的注意力大都是在日常生活中自觉培养起来的。毛泽东年轻时，经常跑到闹市或其他吵闹之处读书，以提高自己抗干扰的能力，所以以后无论遇到什么恶劣环境，只要拿起书，他就能集中注意力，陶醉在书中。由此可见，要提高注意力，自觉训练是一个很好的方法。如果你正在做作业，而客厅里却播放着精彩的电视节目，你也要坚持把作业做下去，坚持把应该干的事情干完。这样长期坚持训练自己，非凡的注意力也就在潜移默化中形成了。

注意力不集中建议食谱

饮食很关键，知道缺少什么就需要对症下药，及时进行补充。例如：

食用蛋类、肝脏、豆类、坚果、禽类等食物，能补充微量元素，对补锌、补铁、补钙有帮助。学龄儿童缺锌、缺铁都会使注意力不集中。

食用鱼类、大豆、黄油、刀豆、玉米、芝麻油、核桃等食物，能补充脂类。脂类中的卵磷脂较多，它能使脑细胞变得柔软，缓解神经衰弱，增强记忆力。

食用猪肉、牛奶、酸奶、鱼肉、鸡肉等高蛋白食物，能控制脑神经细胞，避免脑细胞兴奋，对增强脑力、提高注意力很有效。

第八节 记忆有方法,学习有秘密

 故事放送

随着年级的升高,《语文》上的课文内容也逐渐增多。我最大的烦恼就是背诵课文。你知道吧,我们四年级课文一般都是两三页,老师说增加语言积累必须增加背诵,搞不好还要罚写呢。

国庆放假,像往常一样,语文老师又布置了作业——背第九课《趵突泉》全文。语文老师在黑板上写,我在底下记,当我记到"全文"两个字的时候,心里直打鼓:照我这记忆能力,岂不是要背上大半天,真是痛苦啊!想着想着,对国庆假期的美好憧憬就不见了。

国庆七天假,时间过得真快啊,转眼间到了开学的前一天。我天天记着背诵的作业,但是一直没背诵。没办法,这一天我必须完成这项作业。课文中的字就像一只只小蚊子飞来飞去,就是飞不到我的脑袋里。唉……

第二天开学后第一节就是语文课,铃声一响,老师走进了教室,她做的第一件事竟然就是抽查我们背书的情况。我双手合十祈祷:千万别叫我!但是,老师说"开火车背诵"。啊,谁也别想逃过去!前面的同学接二连三地背完就坐下了。"卓研,请你背倒数三段。"我慢吞吞地站起来说:"趵突泉名列七十二泉之……"说完这一句我就不会背了,过了二十秒,还是没想起来。老师开始说话了:"看来又没背过,抄两遍吧。"

心有千千结

是不是您的孩子也有这样的烦恼呢？刚背过的单词、课文、各科知识点，转身就忘了；老师上课讲的内容，孩子总是记不住。为解决孩子的记忆力问题，你没少给孩子买各种营养品和可以提高记忆力的食物，可是孩子的记忆力还是提高不上去。

……

记忆力是一种很重要的能力。记忆力好，孩子的学习成绩可以事半功倍；而记忆力差，不但家长教得苦，孩子也学得累，成绩还总是不理想。

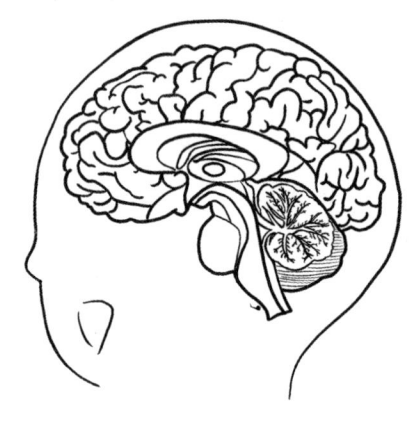

人的一切活动，从简单的认识、行动，到复杂的学习、劳动，都离不开记忆。记忆是人脑对经历过的事物的反映。人们见过的、听过的、嗅过的、尝过的、触摸过的、思考过的、体验过的对象及动作等，都可以在头脑里留下痕迹，以后还会再现或回忆出来，这都是记忆现象。

按照理解程度，记忆可以分为机械识记和意义识记。机械识记是记忆材料本身无意义或没有相关联的有意义的材料时，只能通过机械的重复来完成识记。意义识记就是通过理解材料的内容，根据事物的内在联系进行记忆。一般来说，学龄前儿童和低年级小学生由于知识经验比较贫乏，抽象逻辑思维欠缺，对学习材料不易理解，也不会进行信息加工，因而在学习时较多地运用机械识记。到了中高年级，随着知识经验的日益丰富，抽象逻辑思维的不断发展，在学习活动中运用意义识记的比例逐渐增大。

学习对大多数人来说是件苦差事，有时他们捧着书本，眼睛盯着书，思绪却不知不觉地飞走了。有些人在临考前才开始卖力地"磨枪"。的确，若不掌握科学的记忆方法、规律，知识转头就忘，着实令人气馁。

孩子记忆力差的原因有很多。

1. 遗传和生理、心理原因

记忆力和其他很多特征一样是与遗传有关的。一些孩子天生记忆力超群，古诗、课文读一遍就会背诵了。这样的天才少年古今中外有很多，所以记忆力的主要影响因素之一就是遗传。家长们，如果你的孩子现在记忆力很差，不要害怕，因为记忆力也可以通过后天训练来改善。如果孩子年龄比较小，训练记忆力时可以以机械识记为主。

孩子的记忆力差，跟营养也有一定的关系。合理的膳食有助于为孩子营造良好的大脑环境。长期睡眠不足、缺乏运动、缺少新鲜空气、食物不健康等，都会导致孩子记忆力差。缺乏微量元素也有可能造成记忆力差，比如缺乏铁和锌，或者体内铅超标，这是生理上的原因。

长期过分地焦虑、忧郁，心理压力过大等，也可以使记忆力变差，这是心理上的原因。

2. 注意力不集中

注意力是记忆的基础。很多孩子记忆力差，主要是因为注意力差，不能集中精力。所以要想提高孩子的记忆力，首先要提高孩子的注意力，提高其兴趣才行。

我们的生活节奏越来越快，当你真的需要记住一件事时，至少要集中注意力8秒钟。研究显示，大脑将短期记忆转化为长期记忆最短也需要8秒，所以平时要经常让孩子进行8秒钟集中注意力训练。研究表明，卵磷脂（DHA）是大脑不可或缺的营养素，可以促进智力和视力发育，且能提高记忆力，使孩子注意力集中，学习更用心。

3. 铅超标

铅超标对处于生长发育期的儿童影响很大，不仅会影响儿童脸色、饮食、身高、头发的颜色，甚至还会影响肝脏等身体器官，损害儿童的中枢神经系统，导致大脑发育不良，造成注意力不集中、智力低下等后果。如果已证明孩子铅超标的话，那么一定要注意排铅。

4. 缺乏兴趣，记忆方法不当

如果缺乏兴趣，没有积极性，也就不会集中精神，所以记忆力就差。成人一般是基于对要记忆事物的理解，找出事物的主要特征和内在联系，抛弃事物的非主要部分，进行意义的识记。而孩子在这方面的能力差一些，主要靠死记硬背来完成记忆。记忆方法因人而异，有的人擅长"看"（视觉型），有的人擅长"听"（听觉型），有的人擅长用"嘴和手"（运动型），等等。比较常见的是各种感官并用，多种感觉器官参与记忆活动，可大大提高记忆的水平。心理学对记忆保持率的实验表明，在记忆时，如果只是用嘴念，过一段时间，只能记忆10%；如果只用耳朵听，只能记忆20%；如果只用眼睛看，只能记忆30%。但是，如果同时采用眼看、耳听、嘴说、手写，可保持记忆的70%。

其实，记忆除了方法要得当外，还是有规律可循的。任何一个正常人，都有惊人的记忆潜力，只要他有志学习，勤于练习，掌握科学有效的记忆方法，他就一定能提高记忆力。

1. 了解遗忘规律

赫尔曼·艾宾浩斯是德国著名的心理学家，是第一个从心理学上对记忆进行系统实验的人。他的主要贡献之一就是对记忆的保持规律做了重要研究，并绘制出著名的"艾宾浩斯遗忘曲线"。记忆力再好的人遗忘也是不可避免的，但是从什么时候开始遗忘，怎样减少遗忘，何时复习效果最佳，通过遗忘规律可以一目了然。

时间间隔	保持的百分比	遗忘的百分比
20分钟	58%	42%
1小时	44%	56%
8小时	36%	64%
1天	34%	66%
2天	28%	72%
6天	25%	75%
31天	21%	79%

显而易见，复习的最佳时间是识记后的 1—24 小时，最晚不超过 2 天。在这个时间段内稍加复习即可恢复记忆，过了这个时间段已经遗忘材料的 72% 以上，复习起来就事倍功半。在复习功课时，我们有时感觉碰到的好像是新知识似的，这就是因为复习时间间隔太长的缘故。

2. 科学用脑，合理安排作息时间

记忆时，先摄入大脑的内容会对后来的信息产生干扰，导致大脑对后接触的信息印象不深，容易遗忘，这叫前摄抑制。后摄抑制正好与前摄抑制相反，大脑由于接受了新内容而把前面看过的忘了，新信息干扰旧信息。

如何运用这一规律来强化我们的记忆呢？睡觉前和醒来后是两个绝佳的记忆黄金时段。睡前的这段时间可主要用来复习白天学过的内容，对于 24 小时以内接触过的信息，根据艾宾浩斯遗忘规律能保持 34% 的记忆，这时稍加复习便可恢复记忆，并由短时记忆转入长期记忆。另外研究显示，睡眠过程中记忆并未停止，大脑会对刚接收的信息进行归纳、整理、编码、储存，所以睡前的这段时间真的很宝贵。早晨起床后，由于不受前摄抑制的影响，记忆新内容或再复习一遍昨晚复习过的内容，整个上午都会记忆犹新。所以说睡前醒后这段时间千万不要浪费，如能充分利用，可事半功倍。

人的大脑功能具有四个记忆高潮，如果使用得当，可以轻松自如地掌握、消化、巩固知识。第一个高潮是清晨起床后。大脑经过一夜的休息，没有新的记忆干扰，此刻认记印象清晰，学习一些难记忆而又必须记忆的知识较为适宜。第二个高潮是 8：00—12：00。这时体内肾上腺素分泌旺盛，精力充沛，大脑具有严谨而周密的思考能力，记忆和处理能力较强，是攻克难题的机会，应当把握时机，充分利用大脑兴奋来攻关。第三个高潮是 18：00—21：00。这是大脑的最佳时刻，不少人利用这段时间来回顾、复习全天学过的知识，加深印象，这也是整理笔记的黄金时机。第四个高潮是睡前 1 小时。利用这段时间对难以记忆的知识加以复习，则不容易遗忘。所以，如果有需要记住的内容，在早晨起床后、上午、傍晚和睡前分别试试吧，看哪个时间段最适合自己。

3. 及时复习

复习是记忆之母，我们巩固识记过的材料最好的方法就是复习。复习的最佳时间是记材料后的 1—24 小时，所以一定要当天复习。

巴甫洛夫学说认为，记忆是大脑皮层形成暂时神经联系的过程，建立起来的神经通路如果不畅通，原来大脑中保留的痕迹就会逐渐消失，而复习就是对大脑中的痕迹进行再刺激。及时复习就是在第一次痕迹未完全消失时，紧接着进行第二次、第三次重复刺激。重复刺激次数越多，痕迹越深；重复越及时，费时越少，费力越小，记忆效果越好。

怎样复习效果好呢？艾宾浩斯遗忘曲线告诉我们，遗忘的规律是先快后慢，特别是识记后 48 小时之内，遗忘率高达 72%，隔几小时与隔几天复习真的不一样。及时复习，这个方法非常适合用来帮助那些老记不住的孩子。父母可以根据孩子学习的进度帮他做一个定期复习表，对每次学到的新知识，在学习当天、一天之后、一周之后和一个月之后分别进行复习。

4. 不断激励自己，进行自我暗示

拿破仑·希尔，被称为"百万富翁的缔造者"，他倡导的成功学使许多人走向了成功，其内容主要是讲如何用积极、正确的心态来不断地激励自己迈向成功。实践证明，积极的自我暗示是成功的催进剂，经常进行自我成功激励能培养积极、坚定的自信心，能克服一切困难与险阻，顺利到达成功的彼岸。

5. 充分理解，让信息和旧知识产生联系

在让孩子记忆学习内容之前，最好先帮助孩子理解所学内容。像孩子背诵乘法表一样，单凭死记硬背，只要重复得足够多，他们是能记住的。不过如果能让孩子充分地理解所学内容的意义，并且跟已经记住的旧知识建立起联系，孩子就更不容易忘记。

6. 经常背诵

小时候背诵过《三字经》《唐诗三百首》等经典作品的孩子，长大后记忆力比平常孩子要好得多。通过背诵可以提升记忆能力，激发潜能，孩子上学之后也能迅速适应学习带来的压力。

如果你发现孩子老是记不住，那就得检查一下，他对学习内容理解了吗？能不能找到与他学习的知识联系紧密的相关内容讲给他听？比如教孩子认识方向，可以在地图上找到旅行过的地方，让孩子说说哪些在北边，哪些在南边。

 拓展阅读

增强记忆食疗方法

1. 卷心菜：卷心菜中富含维生素 B，能有效地预防大脑疲劳，从而起到增强记忆力的作用。

2. 大豆：含有卵磷脂和丰富的蛋白质，每天食用适量的大豆或豆制品，可增强记忆力。

3. 牛奶：富含蛋白质和钙质，可提供大脑所需的各种氨基酸，每天饮用可增强大脑活力。

4. 鲜鱼：富含蛋白质和钙质，特别是含有不饱和脂肪酸，可分解胆固醇。

5. 蛋黄：蛋黄中含有卵磷脂、蛋钙等脑细胞所必需的营养物质，可增强大脑活力。

6. 木耳：含有蛋白质、脂肪、多糖类、矿物质、维生素等多种营养成分，为补脑佳品。

7. 杏子：含有丰富的维生素 A、C，可有效地改善血液循环，保证脑供血充足，有利于增强大脑记忆力。

推荐阅读：《海马记忆训练》

有一本书叫《海马记忆训练》，这是日本曾连续五年销量第一的记忆书。脑的机能是非常深奥的，这本书最大的好处在于它的实用性。日本东京大学著名的脑神经科学家池谷裕二，经过多年研究和实验，总结出一套切实有效的海马活化记忆训练体系。如果你能把这些方法教给孩子，并长期坚持，把他推荐的方法变为孩子的习惯，那么效果是我们不可想象的。

第九节　不做只会发泄的孩子

故事放送

社会上曾流行这样一句话：情商比智商更重要。有研究表明，影响一个人的成才因素中，情商占80%，智商仅占20%。对于孩子的学习来说，情商是很关键的影响因素。一个人有没有涵养，得看他生气时候的表现，这话很有道理。

课堂上，我对学生进行了一个"我的情绪小调查"。

1. 我常常生气吗？是因为什么原因？

A. 别人错怪我　B. 别人冒犯我　　C. 别人欺骗我

因为_____

2. 当我感到生气的时候，我是怎么做的？

A. 把自己关起来生闷气，不说话，不吃饭　　B. 骂人甚至打人

C. 砸东西

我会_____

3. 当我生气的时候，我一般用怎样的方法来调节情绪？

人有七情六欲，喜怒哀乐，孩子也是如此。比起大人来，孩子的心理更容易发生变化，他们往往更容易将情绪直接表现出来，而不会克制。每个人

心中都会产生不满,这种不满的情绪要有发泄的渠道。如同气球,只充气不放气,迟早会爆炸。人如果不及时将不良情绪宣泄,同样会爆发。不良情绪在人身体滞留的时间越长,危害就越大。一位老太太的儿子出了车祸,受伤住进了医院,老太太着急上火,吃不下喝不进。三个月后,她的儿子尚未脱离危险,她却先离开了人世。当人被不良情绪激发时,体内会产生一种毒素,这种有害物质在身体中滞留的时间一长,就会诱发人体内早已存在的癌细胞疯长。

心有千千结

当孩子化身"情绪宝宝"的时候,家长的态度很重要。孩子有了消极情绪,家长首先要管理好自己的情绪。但是很多家长却不是这样做的。看看下面的情景中是否有你的影子。

1. 交换:就是为有情绪的人提供一些他追求的物质,让这个人抛开情绪。例如:"如果你不再哭了,妈妈带你去买冰激凌。"这份交换,因为没有找到引发情绪的根源,所以只能获得短暂的转移效果,过后情绪还会回来。其实,这也只是暂时逃避的招数而已。

2. 惩罚:用这一招的父母一般认为负面情绪是不好的东西,有负面情绪就应该受到惩罚。所以他们对有情绪的孩子说话时,总是使用充满惩罚的字眼,例如:"如果再哭,就别吃饭了!"孩子由于感到被隔离和孤独,就更难跳出负面情绪的怪圈。

3. 冷漠:有些父母认为情绪问题是孩子的事,外人难以帮助,所以对孩子的发脾气行为采取不理睬的态度,还美其名曰"冷处理"。孩子在客厅哭闹,家长却淡定地做着自己的事情,仿佛什么都没有发生。有情绪的孩子如同坠入黑洞,他必须自己熬过这个困难阶段,因而感

到十分孤单和无力。

4. 说教：这是大多数父母在无计可施时最常用的一招，就是对有情绪的孩子讲大量的"道理"：应该怎样不应该怎样，上次给你说的为什么不听……但是这对事情的解决或者情绪的舒缓完全没有帮助。他们苦口婆心、循循善诱，说的都无法反驳，可就是没有提供什么有效可行的办法。

孩子处于负面情绪中，不单要帮助孩子舒缓他的情绪，更应该帮助孩子学会处理情绪，以便孩子下次遇到同样的情况自己能处理得更好。

情绪没有好坏之分，孩子出现负面情绪也很正常，只要我们恰当引导，让孩子及时正确地释放负面情绪，那么负面情绪也能带来正面价值和意义。下面来看看应对孩子负面情绪的一些技巧吧。

1. 接受孩子的负面情绪

当孩子发脾气或有其他消极情绪时，我们的本能反应是——又来麻烦了！你怎么总是不改呢！我的教育怎么这么失败……于是我们开始浑身冒汗、血脉偾张。其实我们首先要做的是接受孩子的消极情绪。

情绪分积极情绪和消极情绪，只要不是过激的情绪，都是正常的。对于孩子的消极情绪，我们不要否认、压制、贬低、怀疑，要从容地去对待。不要说"这有什么大不了的""你不应该感到失望""你没有理由生气"等话语，而要帮助孩子去接受、识别自己的情绪，然后再教给他们处理的办法。

2. 不做情绪绑架

家长要尽量把孩子的行为和情绪跟自己的分开，家长自己的劳累、抱怨、委屈，别与孩子的问题做不合理的关联。

生活中，父母要做好孩子的榜样。有的家长跟孩子说：你再这样，妈妈生气了；如果那样，妈妈就不喜欢你了！这是用家长的情绪去管教孩子。大人正常的情绪反应可以让孩子知道，不必刻意掩饰，但是如果总这样说是不行的。孩子会在不自觉中开始对大人的情绪负责。他会忘记遵守规则的本来意义，也容易产生很多不必要的自责和内疚。正确的做法是，让孩子看到他不好的行为会有怎样不好的结果，让他对自己的行为负责，而不是对家长的情绪负责。

3. 用倾听的方式帮助孩子控制情绪

面对突发事件，人们不可避免地会情绪失控。对孩子而言，他们比成人的心理承受能力更差，遇到意外情况肯定不如成人情绪稳定。所以，假设孩子发生了意外情况，情绪一下子变得难以控制，这时父母要蹲下来安抚孩子，可以握住孩子的手，看着孩子，给孩子安全感，并且认真倾听孩子讲述，这样孩子就会慢慢平静下来。孩子想哭就让他哭出来，只要把不好的情绪发泄出来，他的心情就会变得好起来。

4. 给孩子自己处理消极情绪的机会

孩子发脾气，我们本能地想救火，其实不必急于让孩子的情绪消失，要尽量给孩子机会，让他感受、识别自己的情绪，同时锻炼着自己平复下来。他每自己平复一次，他的情绪控制能力就能得到一次锻炼。在这个过程中，如果家长能保持冷静，会帮助孩子更好地平复情绪。而实际上很多情况是，孩子被家长的坏情绪火上浇油，愈演愈烈。

这时，你可以给孩子一些建议，引导孩子换个角度看问题，这样孩子也会有更积极的表现，重新把事情掌握在自己手中。

每个人都会有情绪发泄的方式，小孩子也一样，只是小孩子发泄情绪的方式可能比较简单粗暴，有些发泄方式还不利于身心健康。那么，父母该如何引导孩子合理地发泄自己的情绪呢？

第一步：帮助孩子认知情绪

管理情绪的第一步，就是先识别自己的各种情绪。我们可以随时指出孩子的各种情绪，激动、失望、自豪、孤独、期待等等，不断丰富孩子的情绪词汇库。可以告诉孩子一些不同感受的身体反应，比如：当人们害羞时，脸会变红；当人们愤怒时，会咬牙切齿；当人们沮丧时，会垂头丧气；当人们高兴时，会手舞足蹈……可以用互动的形式让孩子感受，以便更好地认识自己的情绪。

孩子能识别的情绪越多，他就越能清晰地表达出来，而准确地表达自己的情绪,这是处理情绪的开端。能表达,他才能沟通,才能想办法。有时只需把情绪表达出来,心情就好了。通过这样的训练,孩子就能通过观察别人的面部表情或身体语言来识别他人的感受。

第二步:帮助孩子表达情绪

父母是孩子的情感导师,可以抓住日常生活中的一些机会,教孩子掌握那些表达感受的词语,让孩子懂得如何描述自己的感受。比如,当孩子被作业难住时,可以对孩子说"你现在很郁闷吧!这道题好像很难";当孩子被别人欺负时,可以对孩子说"你现在很伤心吧";当孩子被误解时,可以对孩子说"你一定很委屈吧"……这就是共情。所谓共情,就是设身处地地去理解求助者的不良情绪和情感。表达共情还应善于使用躯体语言,注意姿势、目光、声音、语调等的运用。

父母一定要创造机会让孩子描述自己的感受。我们既可以利用生活场景,也可以通过玩游戏,来为孩子创造描述自己情绪的机会。比如,"如果你的金鱼死了,你会很伤心吗?""你是不是还在为妹妹弄乱了你的书难过呢?"

第三步:帮助孩子控制情绪

一位非洲总统问邓小平为人处世有什么好的经验,邓小平说了两个字:"忍耐"。忍一时风平浪静,退一步海阔天空。有句话很经典:难能之理宜停,难处之人宜厚,难处之事宜缓,难成之功宜智。就是劝解人不要钻牛角尖,很难讲的道理先不用讲,很难处的人先让着他,很难做的事先缓一步,很难取得的胜利用智慧去获取。

第四步:教孩子合理地发泄情绪

教给孩子怎样发泄情绪很重要。这里有个关键词是"合理",即在适当的场合用适当的方式来排解心中的不良情绪。

发泄不良情绪的最好办法是让"情绪"跑出来,大家试试下面的方法吧。

情绪发泄法

大哭

大喊

运动

倾诉

运动：可以消除心理疲劳，也可以疏散心中的不快。散散步、跑一跑、跳跳绳、出出汗，这些都是很好的宣泄方法。

写出来：有的孩子比较腼腆、害羞，不喜欢在别人面前过多地表露自己的心情。有的孩子在愤怒难过时，会做出一些不合常理的事情来发泄。可以鼓励孩子写出自己想说的话、想做的事。

说出来：找个知心朋友谈一谈，聊一聊，把心中的不满、抑郁释放出来。孩子们有时和同学在电话里、网络上交流并不是坏事，当然要注意控制时间、有节制。

喊出来：家长可以在孩子需要发泄的时候带他们去空旷的地方把不满喊出来。另外，听听音乐、唱唱歌也是不错的选择。

哭出来：如果家长觉察到孩子背负着巨大的压力与焦虑，眼眶中涌动着泪水，但又强忍着不让它流出来，可以抱抱孩子，告诉他：想哭就哭吧！或者不妨出去躲一下，给孩子腾出空间，让孩子尽情地哭出来。眼泪也是治疗负面情绪的良药。

呼出来：让孩子深呼吸 3 分钟，学着控制自己的怒气。深呼吸可以有效化解孩子的怒气，帮助他们排解不良情绪。

藏起来：引导孩子把自己不愉快的经历写到一张纸条上，埋在花园里、树根下，与过去的不愉快做个告别。

画出来：引导孩子画出自己的情绪也是一种疏导形式。相信每个孩子都有自我疗愈的能力。

图片的由来：去蓝田的白鹿原游玩，爸爸的战友给了我一个向日葵，我抱着向日葵感觉它就像太阳一样温暖。

《三十七根钉子》

有一个男孩,很任性,常常对别人发脾气。一天,他的父亲给了他一袋子钉子,并告诉他:"你每次发脾气时,就钉一颗钉子在后院的围墙上。"

第一天,这个男孩发了37次脾气,所以他钉下了37颗钉子。慢慢地,男孩发现控制自己的脾气要比钉钉子容易些,所以,他每天发脾气的次数就一点点地减少了。终于有一天,这个男孩能够控制自己的情绪,不再乱发脾气了。

父亲告诉他:"从现在起,每次你忍住不发脾气的时候,就拔出一颗钉子。"过了许多天,男孩终于将所有的钉子都拔了出来。

父亲拉着他的手,来到后院的围墙前,说:"孩子,你做得很好,但是现在看看这布满小洞的围墙吧,它再也不可能恢复到以前的样子了。你生气时说的伤害别人的话,也会像钉子一样在别人心里留下伤口,不管你事后说了多少对不起,那些伤痕永远都会存在。"

《生气汤》

这本书中的妈妈很有智慧,在小男孩生气的时候,给他煮了一锅汤,然后娘俩对着锅里的汤大喊大叫,生气的情绪就发泄出去了。请记住,孩子生气时千万别一个劲儿地指责他为什么生气,因为他在生气时是很难理智地向你陈诉事实的。所以让孩子把情绪排解出来,等他平静后再去解决。

《菲菲生气了》

孩子总会因为一点小事不顺心,有时负面的情绪就像即将爆发的火山。这本书用言简意赅的文字和具有表现力的图画,描述了小女孩菲菲内心抽象的情绪。菲菲先是以肢体来表达愤怒,然后躲进自己的世界宣泄悲伤,直到心情慢慢恢复平静……阅读这本书,可以让孩子非常贴切地感受菲菲的心理,了解情绪的历程。

《生气的亚瑟》

这本书是描写一个小男孩如何坦诚面对、探索情绪的故事,适合脾气比较暴躁的男孩子阅读。

智慧篇

第二章
与孩儿斗智乐无穷

在每个孩子心中最隐秘的一角，都有一根独特的琴弦，拨动它就会发出特有的音响。要使孩子的心同我讲的话发生共鸣，我自身就需要同孩子的心弦对准音调。

——苏霍姆林斯基

第一节 习惯成自然

故事放送

有一位教授曾做过一个实验,他将一只跳蚤放进一个容器里,容器的高度刚好为跳蚤能够达到的位置。为了防止跳蚤从容器里跳出,教授特地在容器上面放了一块玻璃隔着。第一天,跳蚤表现得十分活跃,它一次又一次地撞击着玻璃,大有不达目的不罢休之势。可是,它的力量实在太单薄了,无论怎么努力,它都无法冲破玻璃的阻隔。尽管如此,跳蚤还是没有放弃,每隔一段时间,它又会发起一阵猛烈的攻击。

过了几天,教授再去观察,发现跳蚤上跳的频率明显减少,它没了先前的冲劲和锐气,变得有些懒惰和绝望了。又过了几天,教授再去,发现跳蚤几乎丧失了斗志,只是在容器底部跳来跳去……就这样,过了几个月,教授惊奇地发现跳蚤已不再做任何努力,它终日得过且过。随后,教授将容器上方的玻璃抽掉了,他以为跳蚤会一下子蹦出来,但出乎意料的是,跳蚤丝毫没有这样的

举动，因为它已经完全习惯了当前的生活。

紧接着，教授又将另一只跳蚤放进一个容器里，容器的高度略微超过跳蚤上跳的极限，上面没有再加盖子。经过一段时间的观察，教授发现，跳蚤每天都会习惯性地往上跳，虽然每次它都无法超越容器的高度，但它仍然乐此不疲，把这当作每天的必修课。半年后的一天，奇迹发生了，跳蚤逃离了容器，重新获得了自由。见此，教授不禁发出一声感叹："习惯的力量是多么的可怕呀！"

心有千千结

什么是"习惯成自然"呢？叶圣陶这样说："成自然就是不必故意费什么心，仿佛本来就是那样的意思。"他举例道："走路和说话是我们最需要的两种基本能力。这两种能力的形成是因为我们从小就习惯了，'成自然'了；无论哪一种能力，要达到习惯成自然的地步，才算我们有了那种能力。如果不达到习惯成自然的程度，只是勉勉强强地做一做，就说明我们还不具有那种能力。"

通常说某人能力不强，是指这个人没有养成多少习惯。比如说张三记忆力不强，就是张三没有把看见的、听见的好好记住的习惯。因此，习惯养成得越多，那个人的能力就越强。做人做事，需要种种能力，所以最要紧的是养成种种的习惯。

据说，一个人一天的行为中，大约有5%是属于非习惯性的，大约有95%属于习惯性的。同一个动作，如果重复三周，就会变成习惯性动作，如果重复三个月，就会形成稳定的习惯。而对于个人的不良习惯，我们往往浑然不觉，或习以为常，很难意识到其危害性。

行为心理学研究表明：21天以上的重复会形成习惯，90天以上的重复会形成稳定的习惯。即同一个动作，重复21天以上就会变成习惯性的动作；同样的道理，任何一个想法，重复21天，或者重复验证21次，就会变成习惯性想法。千万不要小看这21天，这其中要面对的困难是无形而巨大的，第4天是最容易放弃的一天，被称为"黑色的第四天"，第7—9天是最容易波动的时候。回想你坚持体育锻炼时，大约第四天的时候，是不是总有一个借口让自己不再坚持：天气不好、身体不舒服、有点事情，等等。这就需要一种坚持的力量。习惯的最终养成，且成为生命中的一部分，需要两年的不断重复和巩固。

"习惯成自然"是需要一个相对比较长的过程的，在这个过程中，有时候不一定特别顺利，甚至可能会"摔跤"。可是，人在初学走路的时候，是要多次摔跤的。没有开始的摔跤，就不会有后来的走路之自然。所以，任何良好习惯的养成，都是需要付出努力的，而形成习惯之后，则是另外一种境界。

心灵小贴士

心理学中的代币法是学校老师经常用的培养学生习惯的方法，建议父母体验一下。代币法是一种量化更明确的方法，它是心理治疗中常用的延迟满足的行为疗法，对10岁前的孩子效果更显著。代币法是一种很好的行为塑造和矫正的方法，这种方法易于掌握，只要应用得法，就能取得良好的效果。

"代币"就是为真正的奖励物找到临时代替物，如"小红花""红五星""笑脸"之类的东西，通过这些代替物兑换学生想要的奖励，如10朵小红花兑换"打乒乓球1小时"，50朵小红花兑换"去游乐场玩半天"等。

代币法的最大优点在于，当孩子表现出良好行为时，不是立刻就满足他的要求，而是延时满足，即需要孩子将行为保持一段时间后再满足。这就有利于习惯的养成，使合理行为可以有意识地反复出现。同时"代币"也可以使合理行为得到一定的鼓励，起到"望梅止渴"的作用。

1. 与孩子一起商议选择恰当的强化物，制定合理的代币法

代币的力量，有一部分取决于强化物的强度和吸引力，如有人喜欢食品，有人喜欢玩具，有人喜欢奖状，有人喜欢老师的称赞……要想找一个人人都喜欢的强化物几乎是不可能的。因此，代币的形式可以多种多样，只要是能激励学生进步的都可以。应尽可能选择那些有积极意义的东西，如学习用品、开发智力的学具和玩具、书籍等。

例如：

5 次作业全对（或者得到 5 次表扬、自学背诵 5 首诗词、5 篇课文朗读准确无误……）＝1 朵红花印章（分数代替也行）

5 个红花印章＝1 张喜报（或者可以到图书馆借 1 本书）

10 个印章＝达成一个更高的愿望

2. 让孩子有信心通过自己的努力达到目标

为了便于孩子养成习惯，最好和孩子一起做一张记录表，其中对行为目标的描述要力求详细、准确，一定时期内行为目标的数量要少而精，以促进孩子积极主动地达到目标。这里有两个关键因素：一是信心，二是自己的努力。怎样才能有信心呢？对孩子的进步，哪怕是一点点的进步，都要给予及时的鼓励，从而让他们看到自己在前进，在发展。仅此还是不够的，因为孩子有的时候也会失败，这个时候要告诉他们，失败只是暂时的，找出失败的原因，继续前行，就会走向成功。当孩子有了从失败走向成功的体验之后，他们就会更有自信。

挑战"21天不生气"

"21天不生气",你能行吗?和家人一起挑战,记录下来。21天过后,你将是个自控力很强的孩子!

和你一起挑战的家长是:

挑战开始时间: 　　　　　　　　挑战结束时间:

	挑战日期	情绪晴雨表	父母情绪晴雨表	为什么会这样?	调节情绪小妙招
第一周					
第二周					
第三周					
挑战结果					

挑战"21天坚持阅读"

你多久没上图书馆，没去书店了？阿根廷作家博尔赫斯说，"天堂应该是图书馆的模样"。当你捧起书本，就如同为自己的灵魂找到一处栖息地，与作者进行一场智慧的对话。放下手机，离开电脑游戏，拿起书本，和父母一起阅读吧。

每天阅读时间：

	读书时长	阅读书目	阅读页数	自我评价
第1天				
第2天				
第3天				
第4天				
第5天				
第6天				
第7天				
第8天				
第9天				
第10天				
第11天				
第12天				
第13天				
第14天				
第15天				
第16天				
第17天				
第18天				
第19天				
第20天				
第21天				

"严格遵守约定"一方面可以让孩子通过努力抵达目标，另一方面也可以制约家长。这既有利于孩子良好习惯的养成，也是在对孩子进行诚信教育。

 **拓展阅读**

有本书叫《习惯的力量》，它把"习惯"比喻为飞驰的列车，惯性使人无法停步地冲向前方。前方有可能是天堂，有可能是深谷，习惯就是你的方向盘。"习惯"是潜意识的活动，就像人体各种软件的编程，一旦启动就按既定的程序演绎。

人们常讲"性格决定命运"。谁不想拥有能攀上辉煌巅峰的性格呢？怎样才能拥有？这是一个多么难解的"哥德巴赫猜想"。《习惯的力量》这本书只是轻轻地一捅，就捅破了这层遮挡奥秘的薄膜。作者说："行为变成了习惯，习惯养成了性格，性格决定命运。"原来命运的基石就是养成习惯的行为。

习惯就是由一点一滴，循环往复，无数重复的行为动作养成的，好的习惯、坏的习惯莫不如此，只是结果不同。关键是要马上行动起来，这就是"行动者和空想者的根本区别"。行动者把命运之舟推向成功的彼岸。

第二节　不想写作业的孩子

邻居家小孩9岁了，上三年级，每天下午5点以后，就能听到窗户里传出来母子的对话：

"菲菲，从回来就拿着手机玩游戏，别玩了，该写作业了。""好的，我饿了，吃点东西就写。"

"吃完了吧？快点写吧！""好的，我先上厕所，一会儿就写。"

"菲菲，开始写作业吧！""好的，这就写。你先给我削个苹果好吗？老师说我们正在长身体，需要多吃水果。我吃完一定写。"

很长时间没有声音。晚饭后，8点多对话继续。

"菲菲，都过了一个小时了，你怎么才写了这么点作业？""题太难了，我不会。"

"这道题老师讲过，妈妈昨天晚上给你辅导过，你怎么还是不会做呢？""昨天会了，今天又忘了。"

"还有多少作业?""作文还没写。"

"妈妈,作文我不会写,你教给我吧。你说我写好吗?""哎,今晚 10 点以前又别想休息了。"

才上小学三年级的孩子,写作业怎么就那么难呢?

从故事中不难发现,妈妈对女儿的一再妥协,造成了女儿每天作业都写到很晚的结果。是什么原因导致孩子不愿意写作业呢?其实学习本身就是项苦差事,除了这方面的原因外,家长也应该反思一下自己的教育方式是否得当。

一二年级的时候,作业难度不大,所以孩子很容易就能完成。但到了三年级,作业的难度还取决于是否认真听讲。而且语文增加了作文,从说话到作文,作业难度一下子跨越很大,很多孩子就适应不了了。可是不少家长缺少"警觉性",还是一味地督促孩子做作业,而不去分析一下,孩子是不愿做呢,还是上课没有听讲不会做。如果家长没有发现孩子的问题根源,只是一味地指责,孩子就会很无助,渐渐失去学习兴趣。

了解孩子不想写作业的原因是解决问题的第一关键。小孩子不爱写作业不外乎以下几个原因:

(1)想玩。

(2)注意力不集中,写得慢。

(3)懒惰,不爱动笔。

(4)确实不会做。

(5)作业多,不想写。

如何让孩子愿意写作业、写好作业呢?建议家长这样做:

1. 营造安静的氛围

以身作则,做学习型家长。很多家长会一边看电视、玩手机,一边监督孩子做作业，还时不时看孩子几眼。只要孩子一停笔，家长立马发号施令："发什么呆，还不快点做！"家长这样做，孩子怎么能愿意写作业呢？

家长不如安静地在一旁看看书，读读报，练练字，总之不要让孩子觉得你在玩。

2. 了解情况，制订计划

家长要和孩子聊聊，了解孩子的作业情况。可以这样询问孩子：

"老师布置的作业多吗？各科都有什么作业？"

"有没有比较难的做不出来？太难的我们可以一起做啊。"

"计划今天什么时候做作业？先做哪一科？估计多长时间？"

然后和孩子一起把要做的事情列在学习计划表里，可以详细到几点几分干什么，这样既能增强孩子对作业的责任心，又方便他按时完成作业。对于计划的每一部分，要充分尊重孩子的意见，让孩子成为自己作业的规划人。

小孩的注意力一般能集中10~15分钟，家长可以让孩子像在学校上课一样，写半个小时休息10分钟，听听音乐、做做手工也可以。

3. 指导得当到位

要做孩子的知心朋友，不要高高在上操控孩子，要求孩子必须按自己的意愿去做。要尊重孩子的意愿，通过交流修正孩子不成熟的想法，本着尊重、鼓励的原则让孩子在学习中找到乐趣，找到信心。

4. 让孩子知道，学习是一种责任

家长在陪孩子学习的过程中，最重要的事情是培养他们努力拼搏的精神和责任感。孩子在上学阶段，主要任务就是学习，对于这个阶段的孩子而言，努力学习就是他们的责任。我们很难想象，一个人小时候不努力学习，没有目标，不懂得付出，长大后能变得肯付出、肯努力、肯拼搏。

下面的行为千万不要有！

雷区一：大声吼叫。"必须先写作业，写不完别吃饭！别睡觉！别想玩游戏！周末别想出去玩！"哪里有压迫哪里就有反抗，迫于你的"权威"，孩子暂时会"顺服"，然而表面上在写作业，却早已心猿意马，远走天涯。

雷区二：祥林嫂式的"苦口婆心"。"孩子，你得写作业，不然什么也不会，以后只能扫大街了！""你看爸爸妈妈小时候就因为没好好学习，所以现在工作也不好，我们家就靠你了。"他的人生连一半都不到，梦想和远方对他来说都太缥缈，现实的苟且、游戏、漫画书却是他触手能及的。道理讲得太空远了，孩子不但没有动力，反而会觉得人生索然无味。

雷区三：放任自流式"爱写不写"。没有耐心与孩子沟通，觉得孩子反正有老师管，不写作业让老师批评教育去吧。

雷区四：保姆式的"体贴照顾"。一会儿送水，一会儿送水果，一会儿问写完了吗，一会儿又提醒书写姿势，其保姆式服务，看似体贴周到，实际上是在干扰孩子的注意力。

《哈佛家训》里的一则故事

三个无聊的年轻人，闲来无事时经常踹小区的垃圾桶取乐。居民们由于不堪其扰，多次给予劝阻，却都无济于事，因为别人越说他们踹得越来劲儿。后来，小区搬来一位老人，他想了一个办法。有一天，当他们又来时，老人来到他们面前说："我喜欢听垃圾筒被踢时发出的声音，如果你们天天这样干，我每天给你们一美元报酬。"几个年轻人很高兴，于是他们更使劲地去踹。过了几天，老人对他们说："我最近经济比较紧张，不能给你们那么多了，每天只能给你们50美分。"三个年轻人不太满意，再踹时就不那么卖力了。又过了几天，老人又对他们说："我最近没收到养老金支票，只能每天给你们10美分了，请你们谅解。""10美分？你以为我们会为了这区区10美分浪费我们的时间？！"一个年轻人大声说。另外两人也说："太少了，我们不干了！"于是他们扬长而去，不再去踢垃圾桶。

老人是位攻心高手，与其他人的直接劝阻相比，老人的说服工作不着痕迹，却有明显的效果。分析他的方法可以发现，老人先通过"给予"，把几个年轻人的"乐趣"变成了一种"责任"，这是第一步，其目的是降低"乐趣"。任何事情，当它里面包含交换、被监督、责任等因素时，它的有趣性就会大打折扣。然后，老人通过减少支付，刺激他们对踹垃圾桶这件事产生逆反心理，这是第二步。最后，老人进一步减少支付，并且给出一个让他们不能接受的10美分，使他们在心理上对踢垃圾桶这件事产生排斥感。于是，原本令几个年轻人感到有趣的事情站到了他们的对立面，让他们成为"受害者"，这时再让他们去做，那肯定难了。

第三节　孩子逆反有理

故事放送

"牛牛，咱俩能谈谈吗？"初三的儿子刚放学回家，妈妈就喊道。

"没啥可谈的，我要写作业了。"他又钻进自己的屋子里，并关上屋门。

看着上面挂着的"闲人免进"的牌子晃来晃去，我抓狂，可又无奈无语。

"你能认真练会儿琴吗？不然下次上课，钢琴老师又得批评我督促你不到位了！再说了，练好钢琴，有个一技之长，对你以后的发展也有好处啊！"妈妈苦口婆心。

"行了行了，别唠叨了！你们就是为了面子让我练琴！可我不喜欢！我不想要一技之长！"妈妈的谆谆教诲引发的却是孩子的满腔怒火。

你家孩子有下面这些行为吗？

（1）认为大人的话有漏洞，对大人的批评很反感，反应激烈。

（2）和父母唱反调，不理睬父母，不喜欢按照别人说的去做。

（3）如果家长再三叮嘱同一件事，他会感到厌烦。

（4）破坏性的行为过多，比如一生气就撕书，摔东西。

（5）跟其他孩子经常发生冲突，容易动手。

如果有以上行为，应该首先考虑你家孩子是不是进入了叛逆期。当孩子逐渐变得不听话，顶嘴、撒谎甚至离家出走，有多少家长能认识到：叛逆不是孩子的错！

人的成长过程中有三个叛逆期，不同的叛逆期有不同的个性发展特点、心理生理发育特点，父母提前了解才能应对有方。

2—3岁出现的叛逆行为是人生第一个叛逆期的表现，此时称"宝宝叛逆期"。"我不，我就不！"这就是他的口头禅。这个时期的孩子什么事情都要自己做，勺子还用不好就要自己吃饭，不让他做他就会哭闹。历来温顺、听话的孩子，此时变得急躁、不听话、调皮。这些表现都说明孩子出现了独立意识，他想要尝试更多他觉得有趣的事情，想要自己去探索这个世界，想要放开家长紧抓他们的手。

7—9岁来到人生第二个叛逆期，这时称"儿童叛逆期"。这一阶段还被称为"小团伙时代"，老人们也常说这个阶段的孩子"狗都嫌"。思想逐步走向独立，行动的独立便会逐渐表现出来。家长会发现，孩子开始"反抗""顶嘴"，并且能说出一大堆理由。在父母强压下，有的干脆保持沉默，用不说话来对抗。

12—17岁是人生第三个叛逆期，这是大家最常见熟知的"青春叛逆期"。小学高年级的孩子，开始进入青春期初期，具有逐渐增长的自我意识，而由于社会经验不足，故容易出现各种问题，表现为性情急躁、不听话、不愿让别人干涉自己的事情等。他们已经有了独立思考和判断的能力，其人生观和价值观初步形成。孩子们眼中的世界和家长有着很大的区别，如果这时家长干涉孩子的想法和做法，往往会引发亲子矛盾和冲突。很多孩子迷恋网络游戏，热衷读网络小说，狂热追"星"，有诸多家长看不惯的行为。看到孩子心思不在学习上，家长便时时处于爆发状态，其亲子关系急转直下，如水火不容。还有些家长唯恐孩子不听他们的话，反反复复、唠唠叨叨地说个不停。孩子们长期处于这种马拉松式的说教环境中，能不产生逆反心理吗？即使知道家长说得有理，他也不乐意听。

研究发现，5%到15%的学龄儿童都有逆反、叛逆行为的征兆。有逆反情绪的孩子，通常表现出频繁地大发脾气，与父母争吵，拒绝大人的要求，自己犯错或行为不当却责怪他人等不合作、对抗与敌视的行为。这些行为会在许多场合出现，在学校和家里表现得尤其明显。

儿童有自己的语言、逻辑、价值追求和审美标准，他们永远不会欢迎一个不是儿童的人闯入他们的国度。父母要教育儿童，首先要成为儿童。

叛逆，是人生的必修课。不管孩子处在哪个逆反阶段，作为家长首先应该理解孩子的心理，从孩子的角度去考虑问题，帮助孩子解决问题，而不是一味地训斥、打骂，不然会使他们产生两种不良后果：遇事唯唯诺诺，胆小怯懦；执拗任性，胆大妄为。父母也不要把自己的观点强加给孩子。这样才能够缓解两辈人之间的冲突，使孩子的逆反心理得以改善。

建议家长从以下几方面做起：

1. 冷静

用注意力转移法，将孩子一心想做的事，或者非要实现的想法转移了，便可以让孩子顺着你的思路走了。注意力转移法，家长要灵活运用。在孩子闹情绪的时候，家长不妨做冷处理，给自己一个寻找方法的间隙，也避免激起孩子的倔强心理。

2. 关注

根据阿尔弗雷德·埃德勒博士的观点，孩子总是调皮捣蛋，其目的就是吸引你的注意。所有的孩子都渴求关注，缺乏安全感的孩子尤为突出。如果你不能关注孩子，他们就会进入第二阶段：报复。"生活伤害了我，因此我有权利攻击别人，包括你。"很多进入报复阶段的孩子，下一步将要踏上的就是犯罪之路。

3. 同理心

通俗地讲，就是换位思考。同理心指的是真诚一致，对他人保持尊重、接纳和不予评价的态度。我们要自觉地站在孩子的角度，用孩子的眼光、心理来看待和考虑问题，同时尽量与孩子的心理保持步调一致，这样孩子才能感受到我们对他的理解、尊重、支持和信任。也只有这样，当孩子遇到困难、障碍的时候，他才能以良好的自信心和强大的坚毅力来突破。孩子从小就有被照顾和爱的体验，他也会用相同的方式去对待其他人，这就是同理心。

4. 倾听

你会倾听吗？你认真地听孩子说过话吗？

当孩子向你谈起他感兴趣的问题时，要集中注意力听，不要似听非听，这本身就是对孩子的尊重。如果正在做十分紧要的事情，不妨先跟孩子打个招呼，以便孩子能谅解。当孩子不接受家长的安排时，家长不妨询问并倾听一下孩子的理由，借此机会充分了解他们，然后用朋友式的商量口吻，语气平和地与孩子交换意见和看法。谈话时不要有粗话或伤孩子自尊的过激语言，更不能采取粗鲁的暴力行为。可以给予启发式的指导或建议，让孩子心灵有回旋余地。比如可以说"我建议……"，而不要说"你懂什么！听我的没错！"。

当孩子有了过激的情绪反应时，家长不妨问问孩子以下几个小问题：

①发生什么事了？

②你有什么感受？

③你想做什么？

④你觉得有什么办法可以解决问题？

⑤你知道这样做有什么后果吗？

⑥你决定怎么做？

⑦你希望我怎么帮你？

⑧下次，我们该怎么办？

我的母亲（节选）

胡 适

每天天刚亮时，我母亲就把我喊醒，叫我披衣坐起。我从不知道她醒来坐了多久了。她看我清醒了，才对我说昨天我做错了什么事，说错了什么话，要我认错，要我用功读书。有时候她对我说父亲的种种好处，她说："你总要踏上你老子的脚步。我一生只晓得这一个完全的人，你要学他，不要跌他屁股。"（跌股便是丢脸、出丑。）她说到伤心处，往往掉下泪来。到天大亮时，她才把我的衣服穿好，催我去上早学。学堂门上的锁匙放在先生家里；我先到学堂门口一望，便跑到先生家里去敲门。先生家里有人把锁匙从门缝里递出来，我拿了跑回去，开了门，坐下念生书。十天之中，总有八九天我是第一个去开学堂门的。等到先生来了，我背了生书，才回家吃早饭。

我母亲管束我最严，她是慈母兼严父。但她从来不在别人面前骂我一句，打我一下。我做错了事，她只对我一望，我看见了她的严厉眼光，就吓住了。犯的事小，她等到第二天早晨我睡醒时才教训我。犯的事大，她等到晚上人静时，关了房门，先责备我，然后行罚，或罚跪，或拧我的肉，无论怎样重罚，总不许我哭出声音来。她教训儿子不是借此出气叫别人听的。

有一个初秋的傍晚，我吃了晚饭，在门口玩，身上只穿着一件单背心。这时候我母亲的妹子玉英姨母在我家住，她怕我冷了，拿了一件小衫出来叫我穿上。我不肯穿，她说："穿上吧，凉了。"我随口回答："娘（凉），什么！老子都不老子呀。"我刚说了这句话，一抬头，看见母亲从家里走出，我赶快把小衫穿上。但她已听见这句轻薄的话了。晚上人静后，她罚我跪下，重重地责罚了一顿。她说："你没了老子，是多么得意的事！好用来说嘴！"她气得坐着发抖，也不许我上床去睡。我跪着哭，用手擦眼泪，不知擦进了什么微菌，后来足足害了一年多的眼翳病。医来医去，总医不好。我母亲心里又悔又急，听说眼翳可以用舌头舔去，有一夜她把我叫醒，她真用舌头舔我的病眼。这是我的严师,我的慈母。

  我在我母亲的教训之下度过了少年时代,受了她的极大极深的影响。我14岁(其实只有12岁零两三个月)就离开她了。在这广漠的人海里独自混了二十多年,没有一个人管束过我。如果我学得了一丝一毫的好脾气,如果我学得了一点点待人接物的和气,如果我能宽恕人,体谅人——我都得感谢我的慈母。

第四节 棍棒底下真的会出孝子吗

知道吗？拳头是暴力，语言是暴力，"我不理你了"也是暴力……

孩子经常会任性，为了达到某些目的而哭闹，甚至做出一些出格的事，家长为此怒火中烧，对孩子是又打又骂。

你知道打骂孩子会给孩子造成什么样的伤害吗？打骂孩子真的能起到教育作用吗？父母有打骂孩子的权利吗？不打不骂怎么教育孩子呢？

下面的案例，不是故事，是事故！

2011年3月的一天，一派出所接到报案称，有一妇女虐待孩子，导致其死亡。随后，涉案人员宋燕莹（系化名）被抓获。据她交代，死者为其亲生女儿，今年7岁。当天中午12点，她叫女儿读书，但女儿不愿意，因此她先用巴掌打，随后用树枝抽打其手、腿、屁股等处，其打骂行为一直持续到下午5点。她女儿边哭泣边说，累，想睡觉，便回床睡觉了。宋燕莹做好晚饭再叫女儿时，发现她似乎已经不行了，随后将她送往医院，但因抢救无效最终死亡。法医检验后，认定其死亡原因为殴打致皮下出血，最终导致失血性休克。

据办案民警介绍，宋燕莹曾交代，自己有长期打骂女儿的行为。她觉得自己没有念过书，因此生活才那么辛苦。对于女儿来说，如果想要改变命运，就必须好好念书。可是女儿性格比较倔强，时常不顺她的心意，也不愿意好好念书，因此一周内有三四天她会体罚女儿。曾经冬季的一天，她还脱光了女儿的衣服，让她跪在门口。而最后这次体罚由于时间长，下手重，最终导致了其女儿的死亡。

心有千千结

某学校曾经做过一个调查，结果显示，有80%的学生挨过打。某城市也曾经对408名少年犯进行过调查，发现在打骂中成长的少年犯罪率非常高，达到了84%。"以暴制暴"的家庭教育方式本身就是一种自毁教育，尤其是曾经引发争议的"虎妈""狼爸"的教育方式，给孩子的童年抹上了灰暗的色调，给孩子的未来埋下隐患。在这样的环境中成长起来的孩子，缺乏正常的沟通能力和人际交往能力。

既然知道孩子的身体和心灵都会受到伤害，那么家长为什么还打骂孩子呢？

1. "我打的是自己的孩子"——传统观念在作怪

"不打不成器""棍棒底下出孝子"，传统的教养观念对大多数家长有着潜移默化的影响。他们潜意识里认为孩子是自己的，自己生的，自己有这个权利。有的家长认为自己小时候也是在"被打中"走过来的，自己的孩子也应该这样来教育。

在传统观念中，父母与孩子的关系就是上对下，没有尊重孩子、和孩子平等相处这种概念。传统文化中的尊重多体现在平辈的相处上，在亲子关系中却十分欠缺。

2. 孩子是出气筒——自我情绪管理不佳

很多家长遇到困难或挫折时，比如工作上不顺利、夫妻之间产生矛盾等等，容易把怨气发泄到孩子身上，迁怒于孩子，拿孩子出气。一旦对于孩子的表现家长不满意，多半会打骂上阵。有些家长甚至因为生活压力过大，心态发生畸变。在这种情况下，由于孩子在心理和生理上都处于弱势，容易成为家长发泄的对象。家长要学会控制自己的情绪，同时教孩子如何处理情绪，做孩子的榜样。

3. 孩子不听话——其实是家长缺乏好的教育方法

由于不了解孩子在成长过程中产生的困惑，不理解孩子的行为，育子经验不足，不懂得儿童身心成长的规律，当孩子不听话时，有些家长只会套用父辈的管教模式，本能地发怒、生气，然后吵骂孩子。还有些家长懒得思考，认为打骂教育最直接，见效也最快，因此每当孩子犯错的时候，他们首先想到的就是处罚孩子。

心灵小贴士

当你想"打骂"孩子时，请这样做：

1. 控制一下自己的情绪

孩子犯了错，你很生气，可以握拳，但是要放到身后或者口袋里。在极度愤怒的状况下，家长肯定无法以理性的方式来管教孩子。所以，在无论如何也平静不下来的时候，家长可以暂时离开现场，或是转移自己的注意力去做别的事，等自己平静下来以后再和孩子好好谈。这个方法，教家长如何舒缓一时激动的情绪，不至于动手打骂孩子。

2. 给孩子解释的机会

每一个不正常行为的背后都有一个正当的理由，孩子们用这些行为宣泄心里的负面情绪，是在呼唤成年人的关注，以便帮助他们渡过难关。父母要学会读懂孩子的行为，走进孩子的内心，了解孩子的需求。不良行为映射的是孩子的心理健康问题，如果父母盲目制止，甚至实施暴力，会对孩子的身心健康造成不良影响。

3. 恰当地疏导情绪

当孩子很激动时，家长第一步要做的是把孩子的负面情绪给疏导出来，在孩子情绪平稳以后，双方再进行有效的沟通和交流。我们可以这样疏导，如："妈妈知道你很生气，你是不是因为……"你也可以抱抱孩子，或者轻抚他们的后背，帮助他们平复情绪。当孩子情绪稳定下来以后，你就可以进入下一步了。

4. "一分钟惩罚"

"一分钟惩罚"就是当孩子的行为出现了错误，或没有达到家长提出的合理要求时，家长在一分钟之内帮助他们修正错误，引导他们回到正确的目标上来。

当孩子做错事情0—20秒内，对人不对事，最大程度地表现出你知道以后的震惊、伤心和失望；21—40秒内，什么话也不用说，只用眼神传递你的伤心、愤怒和痛苦；41—60秒内，用动情的话语表达你对孩子的爱，告诉他，你欣赏他，你为他感到骄傲，他是父母期望中的形象，本来就是，现在也是，将来还是。

为什么人生气时说话用喊的？

有一天，一位智慧长者问他的学生："为什么人生气时说话用喊的？"

所有的学生都想了很久，后来有一个学生说：因为我们丧失了"冷静"，所以我们会用喊的。

"但是为什么别人就在你旁边，你还是用喊的，难道不能小声说吗？为什么总是要用喊的？"长者又问。

学生们七嘴八舌地说了一堆，但是没有一个答案是让长者满意的，最后长者解释说：

"当两个人在生气的时候，心的距离是很远的，而为了掩盖当中的距离使对方能够听见，于是必须用喊的。但是在喊的同时人会更生气，更生气距离就更远，距离更远就又要喊更大声……"

长者接着说："而当两个人在相恋时会怎么样呢？情况刚好相反，不但不用喊，而且说话都轻声细语，为什么？

"因为他们的心很接近，心与心之间几乎没有距离，所以相恋中的两个人通常是耳语式地说话，心中的爱因而更深。到后来根本不需要言语，只用眼神就可以传情，而那时心与心之间早已经没有所谓的距离了……"

最后长者做了一个结论：当两个人争吵时，不要让心的距离变远，更不要说些让心距离更远的话，自然地过几天，等到心的距离已经没有那么远时，再好好地说吧！

第五节　你会夸孩子吗

故事放送

儿子上一年级了，最近喜欢上了画画。下班刚进门，他飞速跑来，给我炫耀他刚刚完成的一幅画。

我忙着换鞋，看了一眼随口就说："哇，宝贝画得好棒啊！这是我看到过的最棒的画啦！"然后就开始忙活着进厨房，准备晚餐了。

过了几天，我又想起他那幅画来："宝宝，这两天没看到你画画呢？怎么不画了？"

他跑到自己屋里拿出了那幅画，说："你不是说我这幅画是最棒的吗？我不想画了！"

我忽然意识到自己"夸"错了。看来我的表扬阻止了孩子成长的脚步。

我拿着孩子的画，这次细细地看起来，然后跟他讲，我认为这幅"最棒"的画，哪些地方是非常好的，而哪些地方还可以有一点点的改变……

这样过了一段时间，儿子才又拿起了画笔。

现在流行赏识教育，很多父母都知道要对孩子多表扬、多鼓励，这样孩子才会积极向上。"宝宝真棒！"这样的表扬随口就来，都成家长的口头禅了。

在家长眼里，孩子的每一个成长与进步都是值得惊叹和赞美的，家长已经习惯于对孩子作出"真棒""真好""真厉害"这样的评价，甚至一句轻轻的"啊"都充满着赞赏的味道。

"称赞，就像青霉素一样，绝不能随意用！"表扬是有方法的，要讲究艺术。这样说很有道理。现在很多父母进入了"过度表扬"和"不当表扬"的误区。如何表达才是对孩子最适用的夸奖方式呢？

一句话，夸孩子要夸到点上！

那么，应该如何表扬孩子呢？怎样才能使表扬更有效呢？你知道怎样抓住时机吗？你知道表扬的时候该说些什么吗？

美国的研究人员将孩子分成两组，让他们完成指定的任务。他们对一组孩子说："答对了8道题，你们很聪明。"对另一组说："答对了8道题，你们很努力。"接着又给他们两种任务选择：一种是可能出一些差错，但最终能学到新知识的任务；另一种是有把握做得非常好的任务。结果2/3被夸聪明的孩子选择容易完成的，被夸努力的孩子90%选择了具有挑战性的任务。

从这个调查可以知道，表扬和鼓励是有很大区别的。

	表扬	鼓励
词典里的定义	1. 给出令人满意的评价 2. 美化，尤其是对因做事完美而表现的特质 3. 表示认可的表达	1. 鼓起对方的勇气 2. 激励、促进

鼓励，即夸奖孩子努力用功，会给孩子一个可以自己掌控的感觉。孩子会感到，成功与否掌握在他们自己手中。而表扬只是在说他很聪明，孩子会这样推理：我很聪明，所以我不用那么用功。他们甚至认为，努力很愚蠢，等于向大家承认自己不够聪明。表扬的长期后果是"依赖他人"。这样，当面对失败时，他们往往束手无策。

表扬使人心情愉悦；而鼓励是用尊重的、欣赏的态度去肯定和赞许孩子的行为，让孩子通过行为觉察自己的内心。长期使用鼓励的语言才能真正培养孩子的自信、自立。

鼓励通常是针对过程和态度的："妈妈看到你这学期的努力，为你骄傲！"

表扬通常是针对结果和成效的："妈妈看到你成绩提高，为你高兴！"

多鼓励，少表扬，多描述，少评价，这样可以避免孩子被表扬"绑架"，或因输不起，为达目的而不择手段。

下面我们来做个小练习吧！对于下面这份作业，你有什么发现？

数学算式：

$$\begin{array}{r}3\\+\ 7\\\hline 10\end{array} \qquad \begin{array}{r}5\\+\ 5\\\hline 10\end{array} \qquad \begin{array}{r}4\\+\ 5\\\hline 10\end{array}$$

A. 发现有错题

B. 发现第三题做错了

C. ……

继续看，没有新的发现吗？

——三道题，做对了两道！发现了没有？为什么没有发现呢？

继续看下面这幅图，你第一眼看到了什么？

·

A. 白纸上有一个黑点

B. 这是一张白纸

这项测试就叫"一张白纸与一张白纸上的黑点"。

这两个测试引发的思考应该有很多。你关注的是消极的一面还是积极的一面呢？为什么两道题做对了却看不到？为什么眼睛只看到纸上的一个黑点？希望家长们去发现孩子身上的优点，不要只看到孩子的问题，去更多留意那些美好的、空白的地方，那些带来希望的地方。

接下来，你可以试着这样跟孩子谈话：

"孩子，三道题，你做对了两道，很不错了！你是怎么做到的呢？"此时你正在引领孩子进行正向归因。然后可以引导孩子用这种积极向上的经验，把第三题改正确。相信他此时一定会充满信心和力量。这就是鼓励！

拓展阅读

鼓励三步走

第一步，重复事实。

就是把孩子做的事简单地叙述一下。当他们取得成绩时，他们特别希望这些引以为豪的事情从他人口中说出来。你可以这样说："大宝，这次小测验你全对了！这么厉害啊！"这样不但肯定了孩子的成绩，无形中还帮助孩子重温了考试的技巧等，孩子的正面行为就得以巩固。

这就是重复实施，具体化，把孩子的事情（孩子的话）重复一遍。

第二步，说出感受。

就是说出自己的感受，表达出自己的情绪。当孩子取得了成绩，父母是怎样的感受呢？或感动，或激动，或高兴。重复事实后，可以对孩子说："你的好消息让我真高兴！""真为你骄傲！"这就是对孩子的欣赏，对孩子进步行为的肯定。

第三步，问他是怎么做到的。

重复事实并且说出自己的感受后，可以这样问孩子："大宝，你这次这么厉害，是怎么做到的？"孩子就会慢慢思考，梳理自己的正向行为。他们可

能会说:"我一道题一道题地验算了,检查出一道错题!"你要接着孩子的话说:"看来验算真的很有用!"如果孩子说:"我这次认真读题了。"你要说:"对啊,审题很关键,你做得很好!"这样的鼓励就是对孩子的正确做法给以肯定,帮助孩子形成习惯,形成经验。

建议家长学习下面的语言表达来鼓励孩子:

(1) 你把自己的书借给小伙伴看,做得很好!(表扬友好)

(2) 这么难,你都坚持下来了!(表扬坚持)

(3) 你是这样跟小伙伴说的啊!他一定会支持你的。(表扬说话有礼有节)

(4) 你在_____上进步很大啊!(表扬细节)

(5) 这个方法真有新意!(表扬创意)

(6) 你和小伙伴们合作得真棒!(表扬合作)

(7) 这次你落选了,但是你一点没灰心丧气,了不起!下次我们再争取。(表扬不气馁的精神)

(8) 你原谅了他,你很棒!(表扬宽容)

(9) 小朋友是在你的帮助下成功的,真不错!(表扬热心)

(10) 你把自己的房间/书收拾整理得真好。(表扬责任心)

(11) 上次给你指出的问题你都改过来了,这点做得非常好。(表扬虚心)

第六节　爸爸去哪儿了

《爸爸去哪儿》是前几年很火的一档综艺亲子节目，节目组在节目中设置了一系列由父子（女）共同完成的任务，然后我们看到父子（女）俩为了完成任务在不熟悉的环境中状况百出。这个节目最主要的一个看点就是爸爸独自面对孩子时的手忙脚乱。

在这档节目里，孩子们展露天真本性，搞笑卖萌、古灵精怪；爸爸们面对难题，或窘态百出或束手无策，一出现代版的"我们怎样做父亲"，引发了很多人的情感共鸣。

北京师范大学和世界学前教育组织曾经联合发布一项调查结果，调查时间跨度为5年，涉及家庭超过1000个。调查显示，父亲在家庭教育中的缺失是中国社会的普遍现象，有60%的母亲在家庭教育中占绝对主导地位，父亲起主导作用的不超过15%，由父母共同承担教育责任的不到三分之一。

澳大利亚有关机构公布的一份报告显示，父亲冷漠、与孩子疏远，孩子在成年时期有更大风险出现心理问题，如抑郁、焦虑和躁郁症等。这些人吸毒酗酒的可能性为普通人的2倍，犯罪的可能性为普通人的10倍。

心有千千结

美国秘鲁大学的研究成果表明：由爸爸带大的孩子智商高，在学校里的成绩更好，走向社会也更容易成功。但是实际生活中，太多的父亲担任了取款机的角色，固执地认为陪伴是母亲的责任。在孩子的成长过程中，父亲就像一团影子，既随处可见却又永远摸不到，我们称这种家庭教育为"丧偶式"教育。

现代家庭的现状，爸爸只是一个倒影，这种现象称为"假性单亲妈妈"

现在，"80后""90后"已经成为父母的角色，在现实生活的压力和父亲教育的缺位下，这些年轻的父母或者没有时间，或者不愿意陪伴、了解孩子，又或者自己还没有做好为人父母的准备，面对孩子手足无措……

《爸爸去哪儿》提出的正是这样一种家庭与时代的困惑：在现代家庭教育中，父母去哪儿了？父母又将指引孩子们去哪儿？《爸爸去哪儿》的全民热播肯定不是偶然，缺什么就要补什么，父亲教育的严重缺失是时候更正与改进了。

现实中也可能爸爸爱孩子，但没有和孩子亲近，也没有时间交流沟通，有的一见面就开始教训孩子。岂不知和谐的关系比教训更加地重要！孩子和爸爸关系差的话，孩子的自我感就不强。和爸爸的关系是否和谐，关乎孩子未来的事业是否有成就，因为在其价值感、自信心的来源中，爸爸很重要。

心灵小贴士

汉字除了是一种语言外，还蕴含着我们祖先的深刻智慧，以及丰厚的人生哲理。我们来看看"父"和"爸"这两个字。它们都是象形字。"父"字非常古老，其意义变化也非常大。在甲骨文中，"父"是一个人手里拿着一柄石斧，其最初意义便是"斧"，这个意义后来写作"斧"，"父"字不再有此义。持有石斧是力量与勇敢的象征，所以"父"字意思引申为持斧之人，也就是值得敬重的人，反映了父亲在过去的家庭角色是负责劳动养家。

如今，我们更多使用的是"爸爸"而不是"父亲"，原因是一个家庭的一家之主角色责任改变了。"父"与"巴"联合起来表示"（孩子）附着在父亲身上"，本义为（小儿女）爬到父亲背上、黏着在父亲腿上，引申义是被小儿女爬背、黏腿的人。农夫们结束一天的耕作，从田里回到家里，一天未见到父亲的小儿女们会亲热地奔上前来，爬背抱腿，父亲则蹲下来亲亲这个抱抱那个，总之是父与子身体黏着在一起的情形，这种黏着的动作就叫"巴"。

美国心理学家发现，一个人能够取得成就，20%取决于后天努力，80%取决于父亲教导。作为孩子生命中"重要的人"，同样一句肯定的话，如果由爸爸说出来，对孩子的影响力会是妈妈的50倍。妈妈对孩子的影响是孩子能不能成为一个独立的人，而爸爸则是塑造孩子对人生的看法，关系到其人格的形成。

下面我们来看看父亲对孩子都产生哪些方面的影响。

1. 个性品质

父亲对孩子良好个性品质的形成具有极大的促进作用，是孩子良好个性品质的重要源泉。父亲通常具有独立、自信、自主、坚毅、勇敢、果断、坚强、敢于冒险、勇于克服困难、富有进取心、富有合作精神、热情、外向、开朗、大方、宽厚等个性特征。

2. 自我认同

4—5岁，孩子有了"我"的记忆。人一般有四岁以后的记忆，此时的孩子需要从爸爸身上获取心理营养，所以变得跟爸爸亲近，喜欢爸爸。孩子需要的心理营养是肯定、赞美、鼓励、认同，获得这些心理营养的孩子长大后会更有底气，遇到挫折时会更有力量去面对。爸爸是孩子心理上的守护神。

3. 性别认同

前两个方面妈妈可以代替爸爸做，但需要更多的时间，同时需要一致性表达。性别认同只有爸爸可以做。在儿童性别角色发展中，父母都起着一定的作用，但是父亲的作用似乎更大一些，尤其是对于男孩。婴儿期父亲的缺失，对男孩性别角色发展不利，影响很大。

父亲积极地和孩子交往，有助于孩子对男性、女性有一个积极、适当而灵活的理解。研究表明，男孩在4岁前缺失父爱，往往缺乏攻击性，在性别角色中倾向于女性化的表现，喜欢非身体性、非竞赛性的活动，如看书、看电视、听故事、猜谜语等。女孩性别角色的发展也受到父亲的影响。女孩在5岁前缺失父爱，在青春期与男孩交往时往往会表现得焦虑、不确定、羞怯或者无所适从。

4. 孩子更有安全感

我们发现，周围的孩子有的落落大方不卑不亢，有的唯唯诺诺十分拘谨。没有天生勇敢的孩子，也没有人出生就懦弱，最根本的原因是孩子没有得到足够的安全感，而这种安全感既来源于母亲的温暖，也来源于父亲的支撑。安全感是一个人自信心的直接来源。

5. 孩子智商、情商更出众

世界卫生组织的一项研究表明，每天和父亲相处两个小时以上的孩子，情商和智商更高，思维方式更加新颖。母亲天然地给予孩子温情，而父亲则自然地带给孩子独立坚韧的性格，所以父亲和母亲的陪伴是天然的互补相配。

家长这种"职业"最需要训练却最缺乏训练。也许你事业有成，但事业的成功弥补不了家庭教育的失败。父亲在孩子成长过程中，发挥着不可限量的作用，有时堪称孩子成长路上的指明灯。所以爸爸们行动起来吧，用积极的正能量来影响你的孩子。

孩子不是母亲一个人的，对于孩子的成长教育，您只有一次机会，千万不要错过！

精彩极了和糟糕透了

[美] 巴德·舒尔伯格

记得七八岁时,我写了一首诗。母亲一念完那首诗,眼睛亮亮的,兴奋地嚷着:巴迪,真是你写的吗?多美的诗啊!精彩极了!她搂住我,赞扬声雨点般落到我身上。我既腼腆又得意扬扬,点头告诉她这首诗确实是我写的。她高兴得再次拥抱了我。整个下午,我用最漂亮的花体字把诗认认真真地重新誊写了一遍,还用彩色笔在它的周围描上了一圈花边。将近七点钟的时候,我悄悄走进饭厅,满怀信心地把它平平整整放在餐桌上。

七点,七点一刻,七点半,父亲还没有回来。我简直急不可耐了。他是一家影片公司的重要人物,写过好多剧本。快到八点钟时,父亲终于推门而入。他进了饭厅,目光被餐桌上的那首诗吸引住了。我紧张极了。

"这是什么?"他伸手拿起了我的诗。

"亲爱的,发生了件奇妙的事。巴迪写了一首诗,精彩极了!"母亲上前说道。

"对不起,我自己会判断的。"父亲开始读诗。

我把头埋得低低的。诗只有十行,可我觉得他读了几小时。

"我看糟糕透了。"父亲把诗扔回原处。

我的眼睛湿润了,头也沉重得抬不起来。

"亲爱的,我真不懂你是什么意思!"母亲嚷着,"这不是在你的公司里。巴迪还是个孩子,这是他写的第一首诗,他需要鼓励!"

"我不明白。"父亲并不退让,"难道这世界上糟糕的诗还不够多么?"

我再也受不了了!我冲出饭厅,跑进自己的房间,扑在床上失声痛哭起来。饭厅里,父母还在为那首诗争吵着。

几年后,当我再拿起那首诗,不得不承认父亲是对的。那的确是一首相当糟糕的诗。不过母亲还是一如既往地鼓励,因此我还一直在写作着。有一次我鼓起勇气给父亲看了一篇我新写的短篇小说。"写得不怎么样，但还不是毫无希望。"根据父亲的批语，我学着进行修改，那时我还未满12周岁。

现在我已经有了很多作品，出版发行了一部小说，越来越体会到我当初是多么幸运。因为我有个慈爱的母亲，她常常对我说：巴迪，这是你写的吗？精彩极了！我还有个严厉的父亲，他总是皱着眉头说：我想这个糟糕透了！

这些年来，我少年时代听到的两种声音一直交织在我的耳际，精彩极了！糟糕透了！精彩极了，糟糕透了！它们像两股风不断地向我吹来。我谨慎地把握住生活的小船，使它不因精彩极了而搁浅，也不因糟糕透了而颠覆。

沟通篇

第三章
孩儿糗事一箩筐

棍棒下成长起来的孩子，心灵更为懦弱，更为固执。

——蒙田

第一节　鞋带开了

 **故事放送**

女儿已经上一年级了，一大早，我准备送她去上学，可她一直在穿鞋。我有些不解，走过去一瞧，原来她在那儿系鞋带，由于系得比较松，一会儿工夫鞋带又开了。我又急又气，都七岁了还不会系鞋带。可我刚想训斥孩子，孩子奶奶快步走过来说："我来我来，奶奶帮你系！"女儿伸出脚一脸得意地看着我。看着系鞋带的婆婆，我无奈地说了句："您不能这样惯她！"

下午看到一对母女逛商场。女儿四五岁的样子，穿着一身白色的运动服，看起来很精神，手里抱着一个芭比娃娃，边走边开心地和妈妈说着什么。走着走着，她的鞋带突然开了。妈妈看到了，便指导孩子自己把鞋带系好。但是孩子系得很不结实，没走几步，鞋带又开了，孩子便弯身放下玩具再系。每一次妈妈都耐心地看着她，等着她。系好后，孩子蹦蹦跳跳地和妈妈离开了。

心有千千结

鞋带开了自己系好,再平常不过的一个细节,几乎每个妈妈都会在孩子的成长阶段培养孩子的这种独立能力,但是很多由爷爷、奶奶带大的孩子却往往不会系鞋带。

随着时代的发展,一些年轻父母或者因为自己工作忙,或者因为离异,而把孩子的教

育、生活等全部推给家里的老人,这些祖父母们自觉地成为全面照顾第三代的"现代父母"。这种由祖辈对孙辈进行的抚养和教育被称之为"隔代教育"。

一项全国范围内的关于隔代教育的调查结果显示:中国有近一半的孩子是跟着爷爷奶奶、姥姥姥爷长大的。在上海,目前0—6岁的孩子中有50%~60%接受隔代教育,广州接受隔代教育的孩子占到总数的一半,而在北京,接受隔代教育的孩子多达70%。隔代教育已成为一种不可避免的社会现象。

有的父母会说,实在没办法才让老人带孩子。的确,三十而立,为人父母正在自己事业的拼搏阶段,如果两人都上班,工作忙起来很难有时间照顾孩子;有的是单亲家庭,父母帮着看孩子能够解决其后顾之忧;还有的自己没有住房,跟老人一起住。并不是说老人带孩子绝对不好,关键是老人怎样带孩子。

越来越多的事例,逐渐呈现出隔代教育的特点,可将其归纳为以下几种类型:

第一,关注过度型——导致孩子自理能力差

别看我们小时候,爸妈对我们很严厉,甚至可能给上几巴掌,但是当他们成为老年人后,他们对第三代的疼爱,那简直是"真爱无边"!看孙子孙女哪儿都好,对孩子百依百顺,关怀备至,舍不得孩子受一点苦;有求必应,只要是孙辈提出的要求,不管是合理的还是不合理的,一律给予满足。邻居

家的奶奶总是把孙子抱在怀里,有人问:你让他自己走走跑跑多好!老人说:哎呀,你看我孙子瘦的,腿上没劲,走不了几步路就累!这话让你很无语吧。这样的孩子一般生活自理能力都较差,往往还霸道、一意孤行,碰到问题就退缩,稍不如意就又哭又闹,缺乏应变能力,不合群。

第二,包揽过错型——导致孩子缺乏责任感

这类老人总是认为孩子出现问题、有了过错是由于自己没有照顾好孩子,常常自责。孩子上学忘带美术课用的学习用具了,爷爷赶紧给送到学校,面对孩子的埋怨还不停地检讨自己:"都是爷爷的错,早上忘了给你把彩笔放到书包里了。"时间一长,孩子便学会了推卸责任。

一些专家对一二年级学生进行研究,将从小在幼儿园长大的孩子与祖父母带大的孩子进行比较,发现他们有很大的不同。那些在幼儿园长大的孩子群体意识强,适应能力强,社交圈子大,许多事都能自己动手做,胆子大能吃苦,对于一般的摔跤、碰伤像没事儿一样。而由祖父母带大的孩子则不然,他们连自己的书包都不提,一出校门就甩给爷爷奶奶;碰到问题,稍不如意就哭,就撒娇,缺乏应变能力,不合群。

第三,横刀夺爱型——导致孩子与父母之间产生亲子隔阂

有的老年人对孩子护短,对孙辈过于溺爱,有的还为了笼络孙辈的感情经常给孙辈买东西。有些孩子的父母看不惯,祖辈与父辈之间也因此而产生矛盾。长此以往,祖辈的过分宠爱和父辈的严加管教,导致孩子在感情上产生错觉,在是非观念上不知所措。他们会认为,爷爷奶奶、姥姥姥爷才爱我,爸爸妈妈并不爱我。不一致的教育态度会使孩子觉得有空子可钻,导致产生教育上的防空洞、避风港。这种家庭生活状态是不利于儿童健康成长与成才的,长期生活在这样的教育环境中,孩子容易形成两面人格。

第四,民主和谐型——理想型

这类老人往往具有一定的教育理念和方法,能够和孩子进行有效沟通,注意从小培养孩子良好的习惯,发现问题能和孩子父母一起协商教育对策,及时解决问题。这种类型最合理,只是隔代教育中能够做到的很少。

有句话说:参与孩子成长的人越多,孩子身上的问题越多。细细想来,还是很有道理的。

心灵小贴士

心理学研究表明，幼儿时期是亲情培养的重要阶段，在这个阶段孩子如果不和父母生活在一起，就会把情感转移到和自己生活在一起的人身上。祖辈们对孩子的爱满足不了孩子的情感需要，从心理发展过程来看，0—5岁儿童最需要的是对父母的情感依恋。祖辈的爱更多在于满足孩子的生存和安全需要，而对于更高层次的需要——情感归属，只有父母才能给予满足。必须要接受隔代教育的，父母一定要和老人多交流沟通，让老人更新观念，大家互相配合教育好孩子。父母切不可做甩手掌柜，把孩子丢给老人就不管了。

那么，应该怎样和老人一起教育好孩子呢？

方法一：让老人多学点教育方面的新知识。一般来说，祖辈们的教育思想和教育方法会比较陈旧，容易凭经验带孩子。作为孩子父母，要尊重老人，经常和老人聊聊天，讲讲科学养育方面的新经验，买一些科学读物给老人阅读，帮助老人接受新事物。同时，也要给老人分析溺爱的危害，纠正老人错误的教育观念。

方法二：尽量避免当着孩子的面与老人产生冲突。在家庭育儿的过程中，家庭成员应该保持统一的育儿理念和行动。可以夫妻先统一意见，然后逐步说服长辈。周围邻居或熟识人的成功教子经验，也许对他们更有说服力。

方法三：陪伴是最好的教育。父母对子女的关爱，是任何人不能替代的。教育专家指出，在孩子12岁之前，父母主动进行的亲子活动至关重要，会影响孩子的一生。所以父母要多抽些时间陪伴孩子，及时发现问题，及时予以纠正。在与孩子的交流、游戏中，对孩子进行正面的引导，及时发现孩子的不良心理倾向，及时予以疏导。比如在玩滑梯时，教育孩子要遵守秩序排队，学会与别的孩子合作。

父母的教育好比母乳喂养，祖辈教育则是辅助的人工喂养，祖辈教育不能完全代替父母的教育。孩子12岁之前特别是6岁之前，能不能跟父母建立起亲密的依恋情感，对其一生的安全感、幸福感的体验非常重要；否则，孩子将来容易产生种种心理疾患。孩子在这个阶段如果缺乏父母充足的陪伴，他的世界里就会缺乏父母的形象，不利于其人格的形成与完善。

拓展阅读

陈鹤琴教子的故事

陈鹤琴的儿子一鸣一岁半以前，陈鹤琴天天用药水棉花替他清洗口腔，一岁半以后，就用小牙刷轻轻替他刷，等到他三岁多了，就开始叫他自己学习刷牙。

开始，一鸣不喜欢刷牙，父亲就用种种方法来暗示他。例如在洗手间贴一张彩色图画，图上画了三四个孩子在一间美丽的洗脸室里，各人拿一杯水一把牙刷，欢欢喜喜地在那里刷牙，旁边的母亲笑嘻嘻地看着他们。

还有一次邻居小朋友来玩，陈鹤琴知道她肯自己刷牙，就指着她对一鸣说："她的牙齿多好看，多清洁，你若天天刷你的牙齿，也会像她这样整齐好看呢！"平时大人认真刷牙，为他做出示范。一鸣自己刷完牙，陈鹤琴总不失时机地称赞他说："呀！你的牙齿是白了一点，好看得多了。"一鸣听了非常高兴，渐渐地也就喜欢刷牙了。

一鸣洗脸刷牙固定在洗手间，有自己的毛巾和用具。陈鹤琴教他用自己的小毛巾洗脸，洗完后挂在规定的地方。洗脸时也常常用"扫地扫壁角，洗面洗眼角"之类生动的俗语和故事引导一鸣，教会他洗干净眼角、鼻子和耳朵。

一鸣吃饭和吃点心很有规律，定时定量。除了一日三餐外，每天上午10点左右，下午4点左右是吃点心的时间，吃的东西不太多，仅仅能够充饥罢了。家里人把食物放在橱子里，既不乱藏也不乱摊。这样做，是为了让孩子知道食物应放在规定的地方，是大家吃的，不该吃的时候不能乱拿乱吃。一鸣也曾经自己打开食橱拿东西吃，被父亲制止教训了之后再没有发生第二次。所以一鸣吃饭时胃口很好，身体也很健壮。

邻居家的青儿则不然，他家里很有钱，什么鸡蛋糕、杏仁酥、茶糕、饼干应有尽有。他的父母宠爱他，他什么时候要吃、想吃多少都随他意。这样，他吃起饭来总是不香，肠胃不好，人也非常瘦弱。

陈鹤琴说，一些做父母的以为小孩子多吃东西容易长大，容易强壮，所以不论什么东西，不论什么时候，有则给他吃，吃则尽他量。闲食吃得很多，吃饭就受到影响，甚至弄得积食生病，害了孩子。

此外，一鸣小的时候，吃饭有自己的桌椅盘匙。吃饭时围好围兜，独自一人先吃，等他吃完后，大人再一同吃。陈鹤琴认为这样较有利于养成孩子良好的进食习惯。等孩子年龄稍大一些，基本形成进食习惯，自制能力稍强一点，就可以同家中成人同桌而食，享受团聚之乐了。一鸣吃完午饭后，就到寝室里去休息了，这是从小养成的习惯。陈鹤琴认为，无论什么人，从生理上来讲，都应睡一刻午觉的。自晨至午，做事半天，身体必定觉得疲倦。午饭后，稍睡片刻，必使精神焕发，神清气爽了。况且吃饭以后，胃须静养，使之消化，否则，饭后运动有损于胃的健康。小孩子身体尚未发育完全，饭后需要睡觉，至于睡眠时间的短长，应视小孩子的年龄、个性及季节的不同而区别对待。大的孩子睡觉的时间当然比小的孩子来得短，夏天的时候一般都应午睡，冬天则未必。小孩子个性也应当照顾到。有的要睡得长一点，有的要睡得短一点。对不喜欢睡午觉的小孩子，最好让他安静地休息一会儿，如看看图画，跟他讲讲故事，以休养他的精神。

每天晚间的睡眠，是一天中最重要的休息。每晚一鸣睡觉之前，家里总有一些轻松愉快的娱乐和游戏，或是讲故事看图画听音乐，使孩子心境平和快乐。保证充足的睡眠，这也是养成良好的睡眠习惯的重要内容。至于睡觉，陈鹤琴认为小孩子最好独自睡，至少是独睡一床。他说，同小孩子同床睡固然可以就近照料，但其中害处也很多。除了使小孩子不能安睡外，还易养成他的依赖性，影响其独立精神的培养。陈鹤琴说，做父母的如果担心小孩子受寒，可以设法把他的被服夹住，使他不能蹬开。一鸣小时独睡一床，略大些又独睡一室，睡觉时穿宽松的衣服。当他很小的时候，父母发现他有抱物睡和点灯睡的习惯，就设法帮他改掉这些习惯，使他能心境安宁地入睡。

陈鹤琴当年之所以不厌其烦地把主要的习惯详尽地写出来，是希望能够引起做父母的注意，帮助小孩子从小养成良好的卫生习惯。相信今天年轻的父母们，决不会把这视作无足轻重的小事。

第二节　帮助孩子离开手机游戏

儿子上三年级时我给他买了一部智能手机。手机刚到他手上，他就开始玩游戏了，之后在学校里玩，回到家玩，吃饭玩，躺床上还玩，没一刻停下来，成绩下降得特别厉害。我十分恼火，一气之下没收了他的手机。

虽然没了手机，但他的情况依旧没有好转，不仅成天嚷嚷着要玩手机，有时还会以不写作业、不去上学相要挟。这让我意识到，没收手机并不能解决问题。

于是我开始思考，能不能让手机在儿子手上成为一样有用的学习工具呢？孩子玩游戏是受到好奇心的驱使，我为什么不能利用这一点，让他把时间用到学习上呢？

那天，我在儿子的手机上面安装了一个数学速算的程序，邀请儿子跟我比赛速算。点开程序，出现第一道题："3×5=?"儿子快速地报出了答案："15！"而我也几乎与他同时报出了答案。于是他便说："这一局，我们打了个平手，我还要再比一局。"他摆出了一个必胜的手势，我心头暗喜。点击下一题之后，题目又出现了："17＋20＝?"儿子脱口而出："37!"而我却装作还在考虑的样子。儿子看我没马上答出来，洋洋得意地笑了。

从那以后，儿子不爱玩游戏了，而是喜欢和我比赛速算。两个星期下来，听老师说，他还成了班里的"速算大王"呢！老公也学我，给儿子下了一个英语单词拼写软件，和儿子比试。一来二去，儿子对英语的学习积极性一下子高涨起来，每天放学回家就开始背单词，生怕在"父子单词拼写大赛"中落败。

心有千千结

2017年底，世界卫生组织宣布将在2018年首次把"游戏成瘾"归类为精神疾病，并明确"游戏成瘾"的多项诊断标准。现行标准中一共列出了9种症状，一般要满足其中5项才可考虑后续判断。

（1）完全专注游戏。

（2）停止游戏时，出现难受、焦虑、易怒等症状。

（3）玩游戏时间逐渐增多。

（4）无法减少游戏时间，无法戒掉游戏。

（5）放弃其他活动，对之前的其他爱好失去兴趣。

（6）即使了解游戏对自己造成的影响，仍然专注于游戏。

（7）向家人或他人隐瞒自己玩游戏的时间。

（8）通过玩游戏缓解负面情绪，如罪恶感、绝望感等。

（9）因为游戏而丧失或可能丧失工作和社交。

众所周知，什么样的环境造就什么样的孩子，只看你如何给孩子创造环境。现在很多"80后""90后"都是"低头族"，天天手机不离手，玩游戏、网购、刷朋友圈、看直播……孩子每天耳濡目染，怎能不对手机着迷？

关于孩子沉迷手游的新闻数不胜数：深圳11岁男孩趁父母不在家，偷取父母银行卡和手机玩《王者荣耀》，花光家中3万元积蓄，家长将《王者荣耀》诉至法院；达州13岁男孩因为玩手游，三个月内，花掉母亲银行卡里

1万多元储蓄，母亲取钱时才发现里面只剩8毛钱；贵阳，一女士把手机给14岁的孩子玩，孩子偷偷记下支付密码，用手机上的银行卡购买大量装备，一个月花掉了13万元……2016年1月至2017年6月，仅深圳市消费者委员会就收到了549起未成年人网游消费投诉，1万元以上的就有88宗，占16%。这还不过是冰山一角。据部分城市调查，至少有10%的中小学生沉迷于玩游戏，有的学校高达40%以上。游戏千变万化，具有很大的挑战性，无论胜败都会在人的大脑皮层产生一个"兴奋灶"，只要不断强化，久而久之就表现出一种"瘾头"。

刺激的游戏，诱人的冲关奖励，无不对孩子产生巨大的诱惑，而且玩游戏时不需要进行太多的思考与反思便可以从中体会到快感。游戏利用神经系统的刺激机制，变相诱导大脑皮层相关区域产生刺激。玩过游戏的人都知道，游戏输了可以从头再来，没有指标限制，没有时间约束，想玩就玩，没有任何的压力。相较于学习来说，从游戏中获得的快感更容易使孩子满足。

另外，从游戏开发设计角度来说，针对人的思维特点开发的游戏很符合人类不断进取、探索新事物的精神，同时也满足了人的好奇心。在游戏中，人们攻克一个关卡后就迫不及待地想知道下一个关卡中有哪些未知的事物，还有哪些艰难险阻。

心灵小贴士

你知道吗？一般缺少亲情、缺少关爱的孩子最容易游戏成瘾，那么怎样做才能让孩子不再沉迷于游戏？

1. 做好孩子的榜样

孩子对手机中游戏的了解，多半来自大人，因此大人不要在孩子面前玩手机中的游戏。在很多家庭中，晚上经常会出现"安静和谐"的画面：一家三口，妈妈看电视，爸爸刷手机，孩子玩平板电脑，各自全神贯注，互不打扰。在孩子禁玩手机期间，请家长陪着孩子一起坚持，既然不想让孩子沉迷于游戏，那么自己就要先做到不沉迷于手机。也就是说，家长要以身作则。

2. 立好家规，严控玩游戏时间

父母要和孩子一起制定规则，比如吃饭时不能玩手机，作业没完成不能玩手机，十点之后不能玩手机，每天玩手机的时间不能超过1小时等。制定规则的时候最好是父母和孩子一起商量，而不是父母命令，不要让孩子觉得这是强加的"不合理条约"。一旦制定，就必须严格执行，有惩罚，也有奖励。父母要做到不心疼、不放纵、不妥协。如果孩子做不到，那就收走孩子的手机。

3. 多陪伴，不做"影子父母"

所谓影子父母，就是在孩子的眼里，只有父母早出的背影和晚归的倦容。缺少了陪伴也就缺少了监督，孩子玩手机根本没人管，于是手机代替了父母，游戏成了最好的伙伴。家长在陪伴孩子的时候，可以提前将手机设置成静音，尽量不要让手机出现在孩子眼前，更不能因为手机而忽略了孩子。

4. 发展孩子的业余爱好

很多沉迷于游戏的人是因为空虚寂寞，想打发时间，结果玩起游戏一发而不可收。孩子需要快乐，需要放松，需要友谊。可以有意识地多培养孩子的兴趣爱好，多带孩子到户外游戏，让孩子的生活充实起来，在生活中找到乐趣。陪孩子看演出，学游泳，或者打羽毛球，都是不错的选择。

5. 不要让电子产品当孩子的保姆

现在的父母对电子产品期待过多，依赖过多，而忽略了自己和孩子的互动。孩子的情绪是多变的，有时候谁也没惹他，他自己一个人便生起闷气或者来闹你。有的家长觉得烦，又哄不好孩子，这时候就拿出了大法宝——手机。孩子的手机瘾多半就是这样染上的。因此家长要坚持自己的原则，不管孩子怎么闹脾气，都不要把给孩子玩手机当成解决问题的方法，避免孩子养成依赖手机的坏习惯。父母也应该让孩子学会独立，独立的过程可促使孩子主动探索，主动思考。

让手机变成学习机

手机极大地便利了我们的生活,每天都扮演着各种角色,电话、电视、游戏机……我们现在每天都要和手机亲密接触数小时。

有很多家长反映自己的孩子在家中长时间玩手机游戏,沉迷游戏无法自拔。其实手机游戏本身是健康无害的,但是对于正在学习阶段的孩子们而言,它可能不仅仅只是一个手机软件(App),而是他们休闲时的全部。为什么手机只能作为"游戏机"?如果手机是一台"学习机"的话,对学生是不是更有意义呢?如何用手机来加强学习、充实头脑?除了上网课,看直播,下载教辅资料,让手机变成学习机的诀窍还有很多,让我们一同来开发吧。

下载具有记录功能的软件,把平时灵光一现、有意思、要写的东西等,用软件记录下来,使手机成为我们一生都可以使用的笔记本。如"奇妙清单"App、印记云笔记、"简书"等,这些软件还可以和邮箱链接,电脑手机均可用。将自己的辛勤写作及生活感悟保存下来,日后随手翻阅,定会有所感触,生命也会因此显示出一些历史的意义哦!

使用"微信朋友圈""QQ空间"等,在朋友圈里分享心得感悟。你可以每日一言,每天给自己煲罐心灵鸡汤。每个人都会有烦恼,有困惑,这样的心情不仅会影响我们的生活,也会对我们的身体造成很大的伤害。当你被这些负能量占据的时候,"心灵鸡汤"便是不错的选择。定期为自己为大家推荐一些好用的"鸡汤",每天一句简单的话,能够轻松带走你的负能量。分享好的经验就如同帮助还在黑暗中摸索的人点亮灯塔一样。

利用"便签"等小程序,坚持打卡记录三件好事,让自己的心一直充满正能量。

我们总是习惯性地思考生活里不如意的部分,而很少去思考好的那部分。当然,有时候去分析和思考不好的事情可以帮助我们成长,避免类似再发生。但是,如果人们过多地关注这些不好的事情,会陷入焦虑和抑郁。尼尔·帕斯理查说:"生活中最美好的事都是免费的。真正的幸福不是惊天动地的大事,而是懂得发现生命中的小美好,过自己想要的生活。"从积极心理学的观点,建议每天记录三件好事,并且描述为什么它们让人开心,就是说在每个事件下面写下为什么这些开心的事情会发生。每天记录或分享生活中的好事可以有效增加幸福感,减少抑郁。

下载使用"闹钟""滴答清单"等软件提醒重要事情,这比脑袋记事可靠,你就不用再为忘事而烦恼。如"番茄土豆"软件从收集想法、规划任务到专注工作、归纳分析,提供了完整的工作流效率管理。番茄工作法是简单易行的时间管理方法,是由弗朗西斯科·西里洛于1992年创立的一种相对于GTD更微观的时间管理方法。

学习的事永远说不完,它是一个永恒的话题,不管你现在处在人生的什么阶段,都勿忘"学习"。

第三节　爱要怎样说出口

快餐厅里走进来一对母子。当时客人很多，队伍很长，妈妈说：我去排队，你在座位上等着。可孩子说：我想喝水。

妈妈再三叮嘱孩子，等她回来以后再给他拿。大概是孩子太渴了，在妈妈点餐期间他忍不住从妈妈包里掏出水壶，拧开盖子，又站起来把水倒进杯子里。结果没操作好，杯子倒了，水洒了一身，孩子低着头很伤心。

这时妈妈匆忙赶过来，对孩子一顿训斥："不是说等会儿给你拿吗？为什么不听话，就不能等一下吗！衣服都湿透了，还怎么吃饭？"

周围的顾客纷纷将目光聚焦在这对母子身上。在吃饭过程中，妈妈也一直在责备孩子："你不能光吃这个，这个青菜也得吃，有维C。想长大个儿必须吃这个，你看你，长得像个豆芽菜！还这么挑食！"

自始至终，妈妈一直喋喋不休，不断地往孩子碗里夹菜。

这种数落中的母爱，大家司空见惯吧？还记得著名演员闫妮携女儿首秀大银幕，妈妈霸气喊出的那句话吗：有一种爱，叫"我是你妈！"。近来还流行一句话：有一种冷，叫"妈妈觉得冷！"。

很多父母不善于表达他们对孩子的爱，往往把爱转变成说教、训斥、责骂，将爱的语言表达为"你不许……""你去做……""你马上……"。这样做的后果是孩子渐渐地疏远父母。父母们也很苦恼:"我所做的一切都是为了孩子啊!""我现在不管,以后孩子会怨我的。"

孩子的苦恼是:"他们根本就不爱我,总是嫌弃我!"

作为家长,总想把最好的给孩子,希望孩子生活在幸福的环境里。那么,家长要如何让孩子感受到爱呢?

心有千千结

中国青年报社社会调查中心联合问卷网,对 2002 名 18—35 岁青年进行的一项调查显示,84.9% 的受访青年表示,在成长的过程中,父母把自己的想法强加给他们。在学习方面,51.2% 的受访青年表示,父母最容易把想法强加给孩子。59.4% 的受访青年建议父母合理设置预期,不要苛求孩子。56.7% 的受访青年建议父母给孩子树立榜样。

其实父母大都很爱孩子,但又大都是霸道地爱,对孩子缺少情感支持。

爱,要说出来,更重要的是会说!

不要想当然地以为孩子会理解你的行为,他们不一定懂得什么是"一切都是为了他好"。向孩子表达爱,先要学会倾听,要用心听孩子怎么说,理解他们的一言一行、一举一动。

不要吝啬赞美,要时刻不忘抓住他们的闪光点进行表扬——告诉他,你为他感到自豪。早上起来孩子自己把衣服穿上了,可以对他说:"真厉害!能自己做事了,越来越能干了!"孩子在学校表现不好,甚至被老师批评,告诉他:"没事,咱们看看怎么能做得好,我相信你一定能做得很棒!"不要总是和别人家的孩子比较,千万不要说,你看看人家谁,怎么就能做得那么好呢!

家长要善于控制自己的情绪,不要带着情绪和孩子说话。孩子在遇到困难或做错事时,会对父母有一种"爱"的期待,这

时父母要是发脾气，对孩子的伤害是很大的。

请记住："唠叨"的爱要不得！

有些家长批评孩子时，东拉西扯，把对孩子各方面的不满一并发泄出来："叫你这么多遍都不起床，你这孩子就是懒。吃饭也懒，干什么都懒。"孩子会觉得：反正我问题多也改不了，改一个你还会唠叨别的，索性你就说个够吧。所以家长最好面对当下问题，就事论事，用尽可能简明的话语表达你的希望。

心理学上有个"超限效应"：如果外来刺激过多、过强或作用时间过久，就会使人感觉不耐烦，甚至产生逆反心理。家长对相同问题的不断重复，就是一种反复、单调的刺激，时间长了孩子就会慢慢关闭自己的耳朵，把大人的话当成"耳边风"，依然我行我素。

美国杰出的心理学家简·尼尔森说："如果父母能够少说多行动，与孩子之间75%的问题很可能都会消失。"

少说多做，想好再说，把用来唠叨、叮咛、争辩的时间节约下来，和孩子谈些有趣的话题或者做些有意义的事情，这样不仅能让你的话更有效，还能收获良好的亲子关系。

关于家庭的一些决策，完全可以征求孩子的意见或看法。父母这样做，会让孩子感受到被尊重被信任被爱，他们也会更理解父母。

父母正确表达爱的方式有助于孩子的健康成长，能让孩子学会爱与包容。

对照下面的自查条目，反省一下自己的"爱"。

"爱"的自查

1. 用各种形式告诉您的孩子"我爱你"。
2. 通过温和的触觉来传达您对孩子的爱意。
3. 关心您孩子的行踪，注意他们什么时候出去，什么时候回来。
4. 告诉您的孩子，什么是对的，什么是错的。

5. 注意您孩子的每一个小小的进步。

6. 问孩子对您的意见。

7. 耐心而且彻底地回答孩子们提出的各种各样的问题。

8. 对于年龄较大的孩子可委以适当的重任。

9. 因势利导，让孩子建立自信心。

10. 尊重孩子的人格。

表达爱的三条规则：

第一，留出时间；

第二，充分施展语言的力量；

第三，帮助孩子管理自己的情绪。

你的孩子，其实并不是你的孩子

[黎巴嫩] 纪伯伦

你的孩子，其实并不是你的孩子，

他是生命对自身的渴望而生的子女。

他借你而来，却非因你而来。

他与你在一起，却不属于你。

你可以给他以爱，却不能给他以思想，

因为他有自己的思想。

你可以庇护他的身体，却不能庇护他的灵魂，

因为他的灵魂属于明天，属于你的梦境也无法到达的明天。

你可以拼尽全力变得像他一样，却无法让他变得像你一样，

因为生命不会倒退，不会停留在过去。

你是弓，孩子是从你那里射出的箭。

射手望着未来之路上的箭靶，
用神力将你拉开，让箭飞得又快又远。
让自己能在射手的手中弯曲而感到喜乐吧，
他爱飞驰的箭，也爱静默的弓。

第四节　老师告状了

故事放送

2014年4月，一则新闻引发了网友的关注：《男孩被母当街罚跪半小时，因老师告状》。

21日下午6时许，一新浪网友发布微博称，一男孩因犯错误被母亲罚跪在路中间，长达半小时左右，其间不断有行人从男孩身边走过，并投来好奇的目光。该网友质疑，男孩妈妈的教育方式是否适当？

小男孩的妈妈也是在这里做生意的。下午娃娃放学后，家长接到了老师的电话，说娃娃不做作业。老师来告状，娃娃不听话，所以才被罚跪的。

看到这则新闻，各位家长对这位妈妈的做法有什么看法？家长面对老师的告状，该怎么做呢？

心有千千结

从幼儿园开始，一直到上大学，在这么多年的学习生活中，我们有一个无法逃避的问题——"老师告状"。"老师告状"是伴随着孩子的成长出现的正常现象。

进入小学，孩子的自我意识渐强，他们不再愿意按照家长、老师的安排

去做，很多孩子开始变得不听话，甚至叛逆。
有的孩子让老师感觉驾驭不住，于是老师选择
将问题告诉家长。"老师告状"并非只是学生
的困扰，很多家长在面对"老师告状"时也不
知所措。

老师告状，一般意味着孩子出现了问题，
由于老师没有很好的解决办法，所以需要家长
配合。作为家长要正确面对这一问题，切记不要这样做：

（1）认为丢面子而埋怨老师；

（2）不当回事听之任之；

（3）轻描淡写随便说两句；

（4）不问青红皂白狠批孩子；

（5）恼羞成怒暴打孩子。

这些做法都是对孩子不负责任的行为，起不到教育的作用，甚至还会让孩子变得无所谓甚至产生叛逆心。家长和老师之间也会因此发生误解，产生矛盾。

心灵小贴士

面对"老师告状"，家长首先应该有个好的心态，不要抵触，要理解老师也是为了孩子好。在与家长交流的过程中，老师也在了解家长，了解家长的态度，了解家长的素质，了解孩子的家庭教育情况。

家长可以把老师"告状"的内容告诉孩子，问孩子是怎么回事。不过有的孩子可能会隐瞒或抵赖，报喜不报忧，所以一定要调查清楚，千万不要听了孩子的一面之词就去找老师"算账"。如果老师的告状内容属实，孩子确实有问题，家长应该与老师一起分析原因并寻找合理的解决办法。一味对孩子进行粗暴的谴责是最愚蠢的做法。

我们无法不让孩子犯错，父母能做的就是要让孩子知道，不论他碰到什么样的人，干了多大的坏事，犯了多大的错，发生了多么不堪的事情，父母

都会帮助他、爱他。只有在这种"容错"的氛围下，孩子才会向你敞开心扉，不用撒谎来掩盖事实。

在得知老师向家长告状之后，孩子的内心肯定也是煎熬的。那些被家长、老师视为"调皮捣蛋""不听话"的孩子，总是会受到更多的批评或惩罚，毫无顾忌地当众宣布孩子的过失，会使有些孩子变得胆小怕事、缺乏主见，产生胆怯、冷漠、自卑、懦弱等心理偏差，甚至会损伤孩子的人格，导致孩子失去自尊。家长正确的做法是把责任还给孩子，经常表扬鼓励孩子，以肯定的口吻对他说"儿子，你说该怎么办""妈妈相信你"之类的话，让孩子相信"我是好孩子""老师喜欢我"。久而久之，孩子就会越来越优秀，老师的告状也会减少。

家长也应该主动和老师沟通，向老师介绍孩子在家中的表现，让老师更加了解孩子，同时诚恳地听取老师对孩子在校情况的反映，不要等老师"请家长"才硬着头皮去学校见老师。有的家长很反感老师把自己请到学校，认为这样很丢脸，觉得老师小题大做，这种抵触心理明显不利于孩子的教育。

面对老师的"告状"，家长和孩子都需要一点智慧和勇气！

窗　外

上午我在开会，QQ弹出老师的头像："兜兜上课看着窗外不专心听讲，晚上回去好好教育一下！"

对于孩子的行为我不意外，亦不气愤。相对于批评警告，我的态度可能让老师难以接受："您可以问一下兜兜，从窗外看到了什么，然后让她写一篇日记交到您办公室去。"我想这样既能够保存孩子的纯真，又可以有一个惩戒。

晚上我好奇地问兜兜："今天早晨你从窗外看到了什么？"我刻意回避"上课"两个字，希望孩子不会因为害怕受罚而有所隐瞒。这一问，天真无邪的兜兜果然打开了话匣子："因为昨天晚上下雨了，所以今天早晨第一节课我就在想，会不会有雨过天晴的彩虹。书上都说雨过就会天晴，天晴就会出彩虹！我觉得书上画得很漂亮，所以很想看一下彩虹！"

"那你看到了吗？"

"没有，雨过了可是天没晴，更别提彩虹了！"兜兜有些失望地蹙起眉头，"妈妈，为什么下雨之后并不是每次都会出现彩虹？"

说这话的时候，小家伙懵懂的眼睛闪烁着渴望的光芒。

"彩虹是由于阳光射到空气的水滴里，发生光的反射和折射造成的，没有阳光所以看不到彩虹了，你觉得对不对？"

"嗯，应该是！不过也没有关系，我看到远处的群山被雾霾遮住了，若隐若现的很好看！我还看到山是青色的，因为山上有很多茂密的松树；校园里操场湿漉漉的，很多小麻雀落在地上从砖缝找水喝……"

"太美妙了，宝贝！你观察得真仔细，记得很清晰，描述得也很有条理！妈妈好像看到了小麻雀在操场上跳来跳去的样子呢！咱们回家赶紧把它记录下来好吗？"

"当然可以！"

"不过有一点儿需要改进的小问题：你是上课时间看的窗外对吗？以后咱们下课再看好不好？你想想，上课走神老师讲的内容咱就没看到，那老师辛辛苦苦备课、讲课是不是白费力气了？她有多失望多生气啊！"我起身拥抱兜兜，兜兜趴在我的肩头静静地听着。

"老师批评我了……"兜兜惭愧地嘟着小嘴。

"这说明老师很关心你，替你着急对不对？如果不爱你，他就不管你了，你愿意看哪里就看哪里，不学就不学，反正他讲完课就走了，你学不会跟他也没有关系对不对？"

"嗯，老师对我很好，今天我没有吃上早饭，老师还给我两个小面包，让我饿了吃呢……"

第五节　别人家的孩子

故事放送

"从小我就有个宿敌叫'别人家的孩子'。这个孩子从来不玩游戏,不聊QQ,不喜欢逛街,天天就知道学习。长得好看,又听话又温顺,每回年级第一……"这则广泛流传于网络和微博的热帖引发众多网友的共鸣。在新浪微博上,关于"别人家的孩子"的微博就有一万六千多条,并且衍生出不同的版本。

朋友家的女儿小丽,上小学6年级,有一次和我聊天说:"从上小学开始,父母就总是拿我和'别人家的孩子'比较。这个'别人家的孩子'有时是具体的人,有时是他们虚构的,总之当我学习放松、退步,或者他们对我有什么新要求的时候,这个'别人家的孩子'就会适时地出现。"

我问她:"对这个'别人家的孩子'你怎么看?"小丽神情暗淡下来,"一开始我是很生气,觉得父母为什么老觉得别人的孩子比我强,认为他们不喜欢我,后来就觉得厌烦,对他们这种所谓的'激励式'教育很厌恶。有一次我实在是忍不住了,就冲妈妈大吼了一句:'你找别人的女儿做女儿好了。'那一次妈妈哭了……"听着孩子的话,我陷入了沉思。

湖南卫视的综艺节目《少年说》里面有个环节,就是让孩子们站到天台上，大声地冲着下面的人喊话，把平时不敢说出的心声"喊"出来。一个初一小女孩袁景颐用尽全身的力气冲着台下喊出了她的心声："妈妈，孩子不是只有别人家的好！你自己的孩子也很努力，为什么你不看一下！"

心有千千结

父母对子女教育的焦虑同样缘于比较，攀比是人们产生焦虑的一个重要原因。在现代社会中，我们总爱拿自己的成就与被我们认为是同一层面的人相比较，身份的焦虑便由此而产生。"别人家的孩子"就是对比，也是产生焦虑的常见原因。

"不能让孩子输在起跑线上"的争胜心理凸显了家长对当下生活的不满和对孩子未来的热烈期望。

于是，"你看人家谁谁谁！"成了父母的口头禅。不少家长总是拿自己孩子的不足比别人家孩子的长处，这就是"打压式教育"。研究表明，在"打压式教育"环境下长大的孩子，普遍会有以下性格缺陷：

（1）内心脆弱敏感，没有安全感；

（2）习惯性自卑，认为自己一无是处；

（3）感受不到爱，一旦成年后会想尽办法和家庭疏远；

（4）隐藏自己的真实情绪和性格；

（5）过度在意别人的看法；

（6）抗打击能力弱，面对挫折时容易产生宿命感和无力感，而不会去抗争。

所以，"打压式教育"产生的后果远比想象的更严重，会伴随孩子的一生。

现在的家庭，一般都是以孩子为中心。家庭重心的下移，一方面让人们更多地回归了爱孩子的动物本能，另一方面却对这种爱投射了更多期许。父母的焦虑与其对孩子的学业期望高度相关。现在的教育对于家庭来说更像是投资，如果孩子表现得不好，意味着父母投资失败，所以父母会焦虑。

父母可能本来是想激励孩子学习，希望孩子"知耻而后勇"，有出息，出人头地，独领风骚，但其盲目攀比、跟从的心理，使原本的意图变味；希望自己的孩子如"别人家的孩子"一样优秀的愿望，在很大程度上还隐含着让孩子为自己挣面子、为自己增光添彩的自私想法，潜意识中的攀比、虚荣是这些父母的心理写照。

如果家长总在别人面前数落孩子"你看看人家！""别人家孩子怎么做到了呢？""人家的孩子考了xx分，你再看看你！"，不断重复这些话语，这就是强化负面的期待，然后孩子可能就真的慢慢不如别人了。

每个孩子都有自己的优点，家长要做的是去发现自己孩子的潜力与优点，然后让孩子自我发现。只要家长发现了孩子的优点，并把孩子的优点不断放大，就会帮助孩子改正缺点。

不要让别人家的孩子充斥在自己家的生活中，试着去了解孩子，尊重孩子，你会发现，也许他正是别人常说的"别人家的孩子"。

心灵小贴士

一位外国专家曾说过这样一句话："孩子的另一个名字叫可能性。"我非常认同这一观点。小学阶段的孩子正是可塑性最强，各种能力发展最具创造性的时期。他们在逐渐地走向成熟，每个年龄段都有各自的特点和表现，有时候我们认为的缺点只不过是这个年龄阶段的特点而已。常言道，世界上没有两片完全相同的树叶，其实世界上也没有两个完全相同的孩子，每一个孩子都是独一无二的。每个孩子的智力发展水平、认知活动特点以及他们的兴趣、爱好、性格、习惯及天赋条件等都有所不同。在家庭教育中，用他人身上的优点来比自家孩子身上的缺点，希望以此激励自家孩子向他人学习，成为别人家那样的"好孩子"，会严重伤害孩子的自尊心、自信心。

当孩子为了家长的期许不断迎合的时候，他就失去了自我，他的生命状态也不再自在和流畅。他只能紧紧地抓住他付出了代价得来的"优秀"。而这样"优秀"的学生，是一枚炸弹，随时会被引爆，不是炸伤别人就是炸坏自己。有一个统计数字显示，大学中有心理疾病的学生，23%在初高中被公认是"很优秀"者。教育之根本是素质教育，培养孩子健全的人格和健康的心理是最基本的，也是最重要的。

苏霍姆林斯基曾感叹："从我手里经过的学生成千上万，奇怪的是，留给我印象最深的并不是无可挑剔的模范生，而是别具特点、与众不同的孩子。"只有巧洒甘露，才能使每一朵小花都绽开美丽的花瓣，每一轮朝阳都发出灿烂的光芒。

第一，要坚信，每一个孩子都能创造奇迹。

记得读过这样一个故事。爱迪生上一年级时，老师让孩子们用泥巴做小板凳，爱迪生做的板凳是三条腿的。老师讥笑他说，这是他见到的最糟糕的板凳了。爱迪生哭着回了家。妈妈问清原委后，宣布这是世界上最稳定的小板凳。从那时起，爱迪生的妈妈辞去了工作专门在家教育孩子。你看，素质低下的老师差点扼杀了一位伟大的科学家。孩子幼小的心灵是不应该受到伤害的，我们应当处处保护他们。如果换个角度来看待问题，别人的凳子都是四条腿，而爱迪生的凳子三条腿，这难道不是大胆想象的结果吗？

的确如此，不是孩子不好，许多时候是我们自己缺少开发和优化这些"资源"的能力。相信自己的孩子，孩子才会取得意想不到的成功；把自己的期待与信任传递给他们，他们才能灿烂起来，创造出奇迹。

第二，创造机会，让孩子的世界"靓"起来。

有一个学生曾写过这样一首诗：

我希望自己是一只小鸟，
因为我想自由地飞翔，
但是我飞不起来，
因为我太笨。

我希望自己是一条鱼，

因为我想尽情地遨游，
但是我不会游泳，
还是因为我太笨。

我为什么这么笨……

想象得出，孩子的内心该是多么痛苦与无助啊！如果他们抱着这样的心态，怎能快乐地走完人生之路呢？可他们的童年本应是丰富多彩的，本应是充满欢歌笑语的。这不仅是孩子的悲哀，同样也是教育者的悲哀。

歌德有这样一句名言："你失去了财富，你只失去了一点点；你失去了名誉，你就失去了很多；你失去了勇气，你就什么都失去了。"给孩子阳光，给孩子自信，你会发现，孩子的世界同样妙趣横生，魅力无穷。

第三，给予激励，帮助孩子体验超越自我的快乐。

日本著名马拉松世界冠军山田本一，由于在马拉松比赛中连连夺魁，引起人们的注意。后来人们在研究他的成功经验时，发现了他的重要秘诀：在比赛的前一天，他总是驾车把比赛的整个路程都仔细地看一遍，把路边的一些重要的标志如湖泊、森林、建筑等都记下来。第二天他赛跑时，就把马拉松40公里的路程分成几个或十几个阶段目标，然后不断地向着这些小目标冲刺。这样，每次他都能得到成功的体验。这也激励他不懈地努力，超越自我，最后胜利到达终点。

这个故事一定会给你很多启发吧。要针对孩子的特点，为他们制定切实可行的目标，既不能过高，也不能过低，最优化的目标是"伸手弗得，跳之可获"。

记住，在爱心呵护下的花朵，迟早都会绽放！

别人家的小孩

我发现了妈妈的一个秘密，

在妈妈的口中，
住着一个别人家的小孩。
她啊，练琴不倦，奖杯拿到手发软。
他啊，奥数天才，没有难题解不了。
她乖巧可爱，从不给人添麻烦。
他懂事聪明，你的成绩总是不如他。

哈哈，妈妈，
告诉您一个秘密，
在我的心里，
也住着一位别人家的妈妈。
她厨艺精湛，常烧出精美小菜，
她善解人意，从不絮叨和抱怨，
她不急不躁，耐心地不得了，
她热爱生活，养花种草逛小街。

我想说：
妈妈
春色不仅邻家有，
自家的娃儿也努力！

你是世界上独一无二的妈妈，
我是世界上独一无二的娃儿。

第六节　家有二孩儿，怎样爱

2015年11月，一篇温州小学生的作文《我想对你说》在网上开始热传。这篇作文是一名五年级女孩写的，内容讲的是妈妈生完妹妹之后，自己受到的冷落。在信中随处可以看到小女孩的心酸和委屈：

"妈妈，我想对你说，你爱我吗？自从有了妹妹以后，我感到你更爱妹妹。"

"我像一个被全世界抛弃的孩子，为了这一件小事我哭了一整个晚上。"

"以前那个懂得帮我打扮的妈妈不见了，爱变着法儿给我烧饭的妈妈不见了。"

"唉，我真是疑惑，妈妈，你还爱我吗？走在放学的路上，站在回家的街角，妈妈看不到我再一次泪流满面……"

如今，"生二胎"早已不是新鲜话题，很多人也经常在微博晒出自己可爱的

"二胎"宝宝,更多"80后"的父母开始享受"二胎"所带来的幸福和困扰。

对于"80后"的父母来说,更多的烦恼在于对两个孩子的教育到底该如何把握和平衡。

心有千千结

一般来说,每个家庭都会有很多相对稳定的系统,其中夫妻系统是核心,夫妻关系和谐是整个家庭和谐稳定的基石。此外,如果与上代共同生活,就会出现父母亚系统(指夫妻的上一代)、父子亚系统、母子亚系统等,这些系统要想和谐稳定,都必须在自己的领域系统中沟通、协作,如果其他人进入该系统,则此系统的稳定性将会遭到破坏,出现失衡,长此以往,就会出现家庭矛盾。

当家庭中第二个孩子出生时,家庭系统中又出现了新的亚系统,即兄弟姐妹亚系统。兄弟姐妹亚系统是孩子实践、练习与同伴关系的第一个场所,在与兄弟姐妹的相处中,他们将学习与人合作、与人交往、与人分享的技巧,提高社交能力。

兄弟姐妹之间的竞争心理是与生俱来的,因为他们害怕父母对自己的爱被分割甚至失去。尤其是对于第一个孩子,原先他(她)占据优势地位,享有父母百分百的关注,但第二个孩子的降生从客观上改变了这样的局面。

个体差异既是家庭稳固的基础,又是家庭冲突的根源。当家庭成员的处事方式不被其他人接受或者忍受时,就会产生冲突。孩子之间的矛盾,有时他们自己是可以解决的,但是父母的参与就改变了矛盾本身的性质。

所以了解孩子的需求,方可"对症下药"。孩子的需求很简单:

1. 求关注

两个孩子打架,家长往往把注意力集中在强势的或者大一些的孩子身上,不停地批评这个孩子。俩孩子打架,有时也是他们在对父母的爱和关注进行竞争。对很多孩子来说,引起父母关注的一个重要手段就是去招惹另一个孩子,这样不仅可以发泄对争宠者的不满,还可以把家长的注意力吸引过来,让他独享被关注的感觉。

2. 求公平

我们常听到"家中幺儿是个宝"的说法，可见不少家庭中都存在父母偏心的行为。同情弱者是人的天性，父母容易"包庇"幼子，这就容易让大宝觉得父母偏心，甚至会迁怒于二宝。孩子天生就会察言观色，父母过多地庇护偏袒幼子，二宝就会认为不管发生什么事都有父母撑腰。

孩子的世界很简单，他们格外看重一件事，那就是"公平"，哪怕是和亲兄弟姊妹之间，他们也有自己的原则。

两个孩子之间很容易产生嫉妒，避免他们产生嫉妒的方法主要有两个：一是避免袒护弱者，二是做到男女平等。大宝因为二宝的出生，获得家庭的关注和爱至少降低了50%，心理难免产生落差。父母应该给予大宝更多的关注，不要因为二宝的出生而改变大宝的生活习惯，要给予大宝单独的陪伴时间，比如每晚睡前陪他聊聊天、给他讲讲故事等。

心灵小贴士

对孩子们来说，父母是无可替代的存在，而亲兄弟姐妹既是分享父爱母爱的伙伴，又是竞争对手。父母的行为也容易影响到孩子们之间的关系，导致同胞不和。

因此，作为父母要注意下面的行为和问题。

1. 偏心的思想和行为不能有

二孩家庭里，父母千万不可以有偏心的思想和行为，不能因为二宝年龄小、更可爱、更聪明就偏向他。这对大宝来说伤害很大，可能会使他变得暴躁、偏激，不利于其良好性格的养成。

"妹妹（弟弟）一个人呢，快去陪她（他）玩玩。""你大，先让弟弟挑！"这种命令式的语气只会令孩子反感，即使大宝陪弟弟或妹妹玩，也未必出自真心。相反，大宝会觉得父母只顾及弟弟或妹妹的感受，却不理会自己的心情，会产生失落感，这样无形中还会加深兄弟姐妹间的隔阂。

2. 增强大宝的责任感

孩子都想有一个玩伴，父母在面对孩子们时，可以强调他们之间的亲情，强调哥哥或者姐姐的价值,这样大宝就会更好地与二宝相处。父母还要多表扬大宝的优点,增强其自豪感。可以多对大宝说:弟弟(妹妹)有你这样的好哥哥(姐姐),他(她)真的好幸福啊。这样可以逐步增强孩子的责任感。

不少父母总是喜欢指责大宝,比如:你这么大了,要知道让着弟弟妹妹;你这么大了,怎么一点事情都不懂啊;你这么大了,怎么总是惹你弟弟(妹妹)哭呢。其实大宝并没有做什么错事。教育孩子要懂孩子的心,让大宝做好自己,小宝也会学哥哥(姐姐)的样子做好自己。

3. 兄弟姐妹关系差是家长的错

学会与兄弟姐妹相处,是孩子走向社会、融入社会的第一堂课。

二孩家庭里,孩子之间吵架打架很正常。孩子们对细微的事情非常敏感,很在意兄弟姐妹和父母的关系。孩子们认为兄弟姐妹会夺走父母给自己的爱,这就是为什么他们连一点点小事都要斤斤计较的原因。孩子们之间发生了矛盾,家长不要过于紧张或生气,不要急于插手制止,应该注意让孩子们自己和解,让他们自己学着如何和平相处,如何包容对方;引导他们设身处地为对方着想,而不是马上去责备批评其中一个孩子。

4. 参与孩子们的游戏,促进团结合作

父母要多和孩子们互动。在互动的过程中不能只说其中一个孩子的优点,要分别说出他们的优点,譬如大宝会照顾小宝,小宝还挺懂大宝,你们两个配合得真好,等等。参与孩子们的游戏可以更好地了解他们,这种宽松的家庭氛围,有利于孩子们更好地跟父母进行沟通。

5. 面对错误公平对待

孩子们做错事,责任在于谁,父母是不可以偏袒的。做对了奖励,做错了惩罚,不分男女,不论大小,这对孩子而言就是公平,也有利于孩子是非观念的形成。孩子对于家长的言行非常敏感,尤其是语言,家长在平常的生活中也要尽量避免说这样的话:"你们两个,哪个乖就爱哪个。"

"谁乖就爱谁"会向孩子灌输"爱是有条件的"这种错误观念。长辈这样的心态,会在不知不觉间加剧孩子们之间的竞争。他们为了争取长辈的爱,会遮掩自己的真性情,以各种方法来取悦长辈。一些自信心不足的孩子往往会认为长辈的爱不可靠,而愈加自卑。

6. 批评大宝时最好不要当着二宝的面

大宝出现的心理问题比较多,最主要是觉得失落,不被重视。对两个孩子情感的平衡,对孩子的成长至关重要,要根据孩子的个性进行调节。另一点需要注意的是,如果大宝做得不妥,一定要单独和他谈,而不要当着二宝的面,当着二宝的面通常会让大宝更加难以接受并心存误解。

孩子的心理问题大部分源于 12 岁之前父母对子女的抚养方式

在这个世界上,有许多无助甚至绝望的父母,他们面对自己养大的孩子却突然发现孩子的陌生与可怕:曾经非常乖巧的孩子却突然变得凶狠,父母感觉对爱子失控,恨不行,说不听,骂无用……

一般而言,孩子出现行为问题或心理问题,如逃学、撒谎、网瘾、顶撞父母、离家出走、动辄自杀,还有打架伤害、参与抢劫等,其"发病期"多在 12 岁前后至 18 岁前后。但是,这一年龄段的行为问题和相关的心理问题都源于 12 岁之前,而且源于父母对孩子的抚养方式。

专家建议:对于 3 岁以内的婴幼儿(尤其是 1 岁以内),应该保证 1~2 个固定的抚养人,而不应该总是变换照看者。父母在准备怀孕、准备养育孩子时,一定要做好思想准备,在孩子出生后的第一年不管如何辛苦,一定要自己带孩子。其实,孩子 1—3 岁时父母的陪伴,对孩子一生的成长都很重要。两岁之前是孩子与人建立最亲密联结的时期,而现如今很多年轻父母,往往都把孩子交托给自己的父母或是保姆代为抚育照看,这样就错失了与自己孩子建立亲密联结的黄金时机,孩子长大后会与父母有些许的疏离。

当然,在孩子 12 岁之前,依恋现象一直存在。依恋现象与年龄成反比,孩子年龄越小越依赖父母。父母对孩子的心理影响力与心理控制力,不在于父母挣多少钱,也不在于父母有多高的学历,更不在于父母的事业有多成功,只在于你为他生命的初期付出的辛苦有多少,在于依恋时期(指 12 岁之前)你和他的相伴时间有多少。

第七节　你会跟孩子说话吗

 故事放送

情景一

"妈妈，我最好的朋友今天和我绝交了——"
"哦，没关系，你作业做了吗？"
"妈妈，我养的小金鱼死了——"
"啊！是吗？你作业做了吗？"
"妈妈，老师今天冤枉我了，教室的窗帘不是我搞坏的——"
"嗯，没事。你作业做了吗？"
"妈妈，我今天跑步得了第一名！"
"呵呵，你作业做了吗？"

情景二

"妈妈，我不想参加这次班干部竞选演讲了！"
"你怎么会有这样的想法？以后评上优秀班干部升学还能加分呢！"
"妈妈，我不喜欢演讲。"
"演讲多好啊，练胆儿，还能锻炼语言表达能力。"

"妈妈,我的威信不太高,同学们不会选我的。"

"那更得去竞选了,让同学们重新认识你。你自己都看不起自己,谁还选你!"

"哎呀,妈妈,我不想和你说了……"

"你看你这孩子,有什么心里话就尽管和妈妈说啊。"

沉默……

大家看过徐峥导演的《囧妈》吗?这是一个关于母亲和儿子的笑中带泪的故事。怀揣音乐梦想的妈妈踏上前往莫斯科的列车,为拿到护照,被离婚和生意缠身的中年油腻男阴差阳错地与母亲踏上同一列火车。母子之间最多的镜头是儿子与妈妈你一言我一语的激烈高频互动,双方却都无法理解对方的真实想法。全天下的妈妈都是一样的,他们用自己的方式爱着孩子。母亲一直以为自己很了解孩子,其实从来没有用心听过孩子说话。

心有千千结

其实,很多大人不太会跟小孩聊天,他们的话题永远是"你今天在学校做了什么啊?""你在学校乖不乖?""作业写完了没?""琴练了没?""今天考几分?""被老师批评了没?"在与孩子沟通这个问题上,请每一位家长都思考一下:我们有丰富的话题吗?有多样的表达方式吗?在沟通的时候,想过沟通的技巧和艺术吗?除了学习之外,有没有其他的话题可以交流?我们是否对孩子说过这样的话:"你只要把分数搞上去,别的什么都不用管。"我们想培养一个有责任感的孩子,可当你说这句话的时候,责任的教育已经被彻底地丢掉了。什么都不用管,哪来的责任感?

在综艺节目《密室大逃脱》中,有一期房间的墙上贴着五句最伤孩子的话。这五句话,是许多父母的口头禅,相信大家都不陌生:

我什么时候答应过你?

我养你有什么用？

你再这样，爸妈就不要你了！

早就告诉过你，你非不听！

我们都是为了你好！

打击式教育，容易让孩子习惯性地否定自己，深陷自卑情绪中无法自拔。最好的教育，莫过于给孩子足够的尊重和理解，让孩子感受到鼓励和温暖，这样他们才能成长为阳光自信的模样。

有位父亲对他女儿的教育方式比较独特，他从来没有辅导过女儿做功课，就是每天回家跟女儿聊十分钟，而且只聊四个问题。这四个问题是：

（1）学校有什么好事发生吗？

（2）今天你有什么好的表现？

（3）今天有什么收获吗？

（4）有什么需要爸爸帮助的吗？

看似简单的问题其实蕴涵着丰富的含义：第一个问题其实是在调查女儿的价值观，了解她心里面觉得哪些是好的，哪些是不好的；第二个问题实际上是在激励女儿，增加她的自信心；第三个问题是让她确认一下具体学到了什么；第四个问题则有两层意思，一是我很关心你，二是学习是你自己的事。

就是这简简单单的四个问题，包含了很多关爱关怀在里面，事实也证明很有效。

心灵小贴士

家长和孩子说话的语气，决定了孩子的智商和情商。跟孩子沟通要建立在尊重的基础之上，要有技巧。

1. 做倾听者，不做说教者

比起让孩子听话，让孩子把话说完，才是为人父母的必修课。《少有人走的路》中说："倾听是把注意力放到对方身上，它是爱的具体表现形式。"孩子在说完话的一刹那，内心已经得到了滋养和疗愈。对孩子而言，最好的安慰方式就是先听他把话说完。很多时候，聊天是一种发泄。想要孩子诚实地说出感受，很重要的一个步骤，就是"倾听"，而不是"说教"。任何一种话题的聊天，只要沦落到说教与听训，那就没趣了。所以聊天时，多询问、少评论，多说"你"，少说"我"，这样就很容易让话题继续下去。

千万别把质问当聊天，因为这样的聊天通常都是以问句始，以斥责终。

2. 要在内心坚定对孩子的信任

一个人说话的语气，隐藏着对对方的态度。积极的语气，会让对方感觉到被尊重和重视；消极的语气，会让对方感到被怠慢，从而生出距离感。孩子特别希望得到成人特别是父母的信任，所以与孩子说话时要表现出充分的信任。孩子想干某一件事，你就用信任的语气对他说：孩子，只要努力，一定能干好。这无形中就给了孩子一份自信，让他明白，只要勇敢地去做，就有可能获得成功。假如你用挖苦的语气说："就你？不行！"这就会使孩子的自尊心受到伤害，令他对自己的能力产生怀疑。

有些父母有意无意地会对孩子说："你真是猪脑子！""简直就是榆木疙瘩！""我算是白养你了！"要知道，父母随口一说，怨气是发完了，却已经对孩子进行了心罚。

语气不同，说话的效果会有很大的不同。假如你和孩子交谈的时候，使用的都是信任、尊重和商量的语气，孩子是很容易接受你的意见的。

3. 要学会理解他们的感受

要针对孩子的感受做出反应，听懂他们藏在情绪里的失望、压力、担忧，并表达对他们的理解。在纠正他们的行为前，一定要先处理他们的情绪问题。

下面的表达都会起到作用：

"那一定非常尴尬。"

"那一定让你很生气。"

"那个时候你一定很生老师的气。"

"那一定很伤你的心。"

"对你来说真是糟糕的一天。"

4. 先说出表示理解的话，然后再提出建议或意见

尊重是第一位的。当孩子讲起一件事时，不要就事情本身回应他，而是就孩子对这件事的感受做出回应。当孩子回到家，不停抱怨他的朋友、老师或者其他事情时，最好顺着他的语气回应他，而不要先试图查明事件的真相。他们的情绪只会透露一点点，我们必须猜出剩下的部分。当孩子的心情平静时，他们才能正确地思考，才能做出正确的举动。

孩子的自我意识随着年龄的增长越来越强烈，孩子有了自己的主见，说明孩子知道自己有了能力。当孩子提出自己的意见时，不要认为他不听话、跟你对着干而粗暴地反对他，应该用尊重的语气对孩子说："也许你是对的，让我们用结果来验证它吧。"

拓展阅读

所谓的情商高，就是懂得好好说话

都说"好言一句三冬暖，恶言一句六月冬"。有时候，脱口而出的一句话，就像是一根尖锐的刺，扎得人浑身不舒服。马歇尔在《非暴力沟通》中曾经说过："也许我们并不认为自己的谈话方式是暴力的，但我们的语言确实常常引发自己和他人的痛苦。"说者无心，听者有意。那些你无意中说出的话，反而会伤人于无形。

每个人都会说话，但并非每个人都懂得好好说话。说话不仅是一门技术，更是一门艺术。太多的人，把说话不经大脑当作率真，其实是缺根筋、情商低的表现。而为你的率真埋单的，永远是那些在乎你的人。

试试下面的说话方式，一定会改变你的生活。

1. 把"你"语言变成"我"语言

什么叫作"我"语言呢？就是当你在和对方说话的时候，以"我"作为主语。

开头少说"你怎么怎么样不对"这样的话，多说"刚才发生的那件事，让我有了什么样的情绪或感受"这样的话。"你"语言听起来像是一种对别人的指责和评价，容易变成引起吵架的争端；而"我"语言，是在如实说出自己的真实感受，会让对方更容易理解你。

2. 能说"谢谢"，就不要说"对不起"

你试过这样教育孩子吗？——能说"谢谢"的时候，就不要说"对不起"！这是现居纽约的中国插画师肖瑶的"说话之道"。例如说"谢谢你一直以来都看好我！"，而不要说"对不起，我总是让人失望"。学会感谢别人所做的，不管他们是否会知道；不要为一些已经发生的小事说对不起，因为那其实并没有错。换种叙述口吻来表达，你会更加幸福。

3. 去掉绝对化的词语，可以把不可能变成可能

如把"必须、应该"转化为"能""可以"，把"永远"转化为"有时"，把"不能"转化为"能不"，把"我可以"拓展为更多的可能性。

4. 把你说的"不对"统统改成"对"

有人总喜欢说"不"，不管别人说什么，他先说"不""不对""不是的"，但他接下来的话并不是推翻别人，只是补充而已。他只是习惯了说"不"，结果大家都讨厌他。谁喜欢被否定啊？你可以试试当对方说完后，你诚恳地说"对"，认真地指出你这个话可以成立的点，然后延展开去，讲你的看法。先肯定对方，再讲自己的意见，沟通氛围会好很多。

5. 赞美孩子的时候，不要太空泛，要具体地赞美细节

"你好漂亮啊""你好聪明"这些是普通级的赞美，更高级的赞美是，说出对方怎么漂亮怎么聪明。如果说你文笔太好了，可能别人会当成一种客套，但是如果对方说你哪篇文章写得特别好，哪段话他特别喜欢，你可能就会特别感动，因为你会觉得他是真的喜欢你的文字。

6. 不要总想赢

不要想着与孩子的每一场谈话你都得赢,你赢了道理,可能会输了感情,对其他家人、朋友也是这样。除了大是大非,把胜利让给对方吧。

7. 练习使用"Yes! And..."句式

这种技巧源于意大利的即兴喜剧,"Yes"代表接受,就是同意对方说的话,"And"是在"Yes"的基础上添加自己的话。一个小提醒是,别把"Yes! But..."当成"Yes! And...",这两者虽然都是以"Yes"开头,本质完全不同。"And..."基于的原则是接纳,但"But..."的本质是拒绝,"Yes"也只是为了引出"But"后面的内容,本质上是有很大不同的。所以和别人沟通在正式回答前,不妨先认真想一想,他以上的表达中有哪些是你可以说"Yes"的呢。

8. 把"NO"的回答变成"Yes"的三个步骤

在沟通过程中,如果想要顺利说服别人,一定要让对方认同你。这里有一个很关键的心理暗示技巧,就是让对方多做出肯定回答,多说"Yes"。这样一来,他们在潜意识里就会增加对你的认同感。让对方说出"Yes"的三个步骤:

(1) 不直接说出自己的想法;

(2) 揣测对方的想法;

(3) 考虑符合对方利益的措辞。

例如希望孩子多吃水果,可以说:"多吃水果皮肤好,补充维生素不会感冒。"

9. 给孩子留下"选择的自由"

例如:

(1) 孩子不吃蔬菜,可以把一盘菜分成大小不均的三份,对孩子说:"我们一人一份,你小,你先选!"

(2) 孩子不喜欢穿鞋,可以问:"蓝色的鞋和红色的鞋,你想要哪一双?"

10. 让对方觉得"被认可""非你不可"

例如:

（1）把"你把地擦擦，你得主动帮家人干点活"换成"你总是把地扫得很干净，沙发下面我都够不到，你都能扫得很好，拜托了！"。

（2）孩子在旅游时乱跑，不愿让你跟着，你可以这样说："这里很危险，我一个人有些害怕，你能不能拉着我的手一起？"利用"被认可欲"，让孩子乐于回应期待。

（3）听到"只有你是特别的"，对方就容易被说动。例如把"去奶奶家吧？"改成"你不去奶奶家都不热闹，我们都觉得没意思。奶奶说你可得一定去"。利用"非你不可"，让对方有一种优越感，从而乐于做出回应。

安全篇

第四章
生活中有阳光也有阴影

自我控制是最强者的本能。

——萧伯纳

第一节　孩子打架之后

网络上一则新闻曾经引起热议：某幼儿园一家长目睹自家孩子被小伙伴欺负，下课后便拦下孩子的小伙伴，拿着儿子的手朝着小伙伴的头部连打两下。此事在网上一传，"孩子受欺负之后，该不该打回去？"的话题也引起争议。

更有甚者。2019 年，温州瑞安发生"家长杀孩子同学案"。因死者叶某某未按其要求公开向自己女儿道歉，林某某随身携带事先准备的刀具进入叶某某所在的小学，将其带至男厕所残忍杀害。

孩子被欺负了，究竟怎么处理才好呢？是帮着讨回公道还是找对方孩子"打回去"？是去找对方家长理论还是让孩子忍气吞声，告诫他远离那些爱打架的孩子？

孩子在外面挨打，这是每个家长都不愿意看到的，面对孩子受到的委屈，家长们观点不一。被别的孩子打了，到底该不该打回去？鼓励孩子还手，担心孩子变得暴力；不鼓励孩子打回去，又怕孩子受人欺负，变得懦弱。

这还真是一个困扰在家长们心头很久的问题。

心有千千结

和其他小朋友玩耍对培养孩子的社交能力有很好的帮助，尤其是八九岁的孩子，伙伴意识逐渐加强。但是有时候两个人玩得好好的，会突然为一点小事争执不休，相持不下，气急败坏的一方竟开始动手解决问题了。而且不管谁赢谁输，小孩子都会跑到父母身边去告状，说自己是如何地委屈，对方是如何地欺负自己。

为什么有的孩子好打架呢？

1. 从小被培养出来的"攻击意识"

英国心理学家唐纳德·温尼科特认为，孩子天生有一种攻击的冲动，在婴儿期就已经具备。有的孩子在婴幼儿时期接受的教育是"不能吃亏"。比如孩子学走路时不小心摔倒了，家里老人就会使劲地跺地面，并念念有词："都是地不好，让宝宝摔倒了。"孩子走路碰到桌子角，老人就会拍打桌子，责怪桌子摆得不是地方。地面、门、墙、桌子是沉默的，但是有一天，当小伙伴不小心弄疼了他，他也会像大人们那样不由自主地打过去，把责任推卸到别人身上。

孩子的这种攻击性就是被家长"培养"起来的。

2. 从别处学习

未成年的孩子处于成长的重要阶段，对世界充满了好奇。他们自身没有多大辨别能力，就通过模仿家长或者同伴来学习。在这段时期，如果孩子经常看到暴力的内容或者行为，就会潜移默化地受到影响。他们并不知道自己的行为代表何种意义，只是模仿了那些外在能看到的行为和语言。同伴、父母、电视、网络、漫画书等都为孩子提供了这种学习的条件。

因此做家长的要特别注意自己的言行，特别是"行"。在成长路上，孩子总会出现一些问题，如果家长粗暴地对待，或打或骂（或以轻打屁股来逗着孩子玩），孩子会认为这就是解决问题的方式，然后以暴制暴，把这种方式用到其他人身上。

经常受到家庭暴力的孩子会缺乏安全感，如果孩子的安全感建立得不好，他就会经常觉得受到威胁，从而为了"保护"自己选择主动进攻。

父母应该让孩子多与其他孩子接触、玩耍，时间长了，他们便能找到与他人沟通交流的方法。在一个集体里，那些挑剔的人总是容易被边缘化，被边缘化的结果是高度地自恋或者自卑，往往也更易形成攻击性人格，因为他们要保护自己那脆弱敏感的心理。

3. 宣泄情绪达到目的

孩子大多不能清楚地表达出自己的需求和想法，而当他们迫切需要表达的时候，就会通过"肢体语言"来表达自己的不满。于是，打人就变成了孩子们的情绪宣泄方法。

孩子们通过"打人"达到了自己的目的，时间一长，他们就像上了瘾一样，不断地利用暴力来获取自己想要的东西。这也就能解释为什么很多小朋友为了抢玩具而大打出手了。

心灵小贴士

孩子合群是所有父母都希望的，因为这样的孩子才能成为受伙伴欢迎的人。与他人的交往，特别是跟同龄人的交往，对孩子的成长、其个性的形成和发展具有特殊的意义，也是孩子社会化

的一个重要途径。同伴关系不良，会使孩子失去很多学习社会规则的机会，也体验不到交际的快乐，很难形成健全的人格。

当孩子打了架，我们应该怎么做呢？

1. 教育前要问清缘由

孩子由于年龄小，对事情的表述可能不太清楚，父母在听到孩子打架受欺负后，先不要着急为孩子出头，要仔细询问其中的细节、前因后果，判断孩子是真的无辜受欺负，还是因为某些言语和行为激怒了别人才受欺负。知道了事情的来龙去脉，才好做出正确的处理。

不管孩子是不是被欺负的那一方，都要告诉他打架是不对的。一个巴掌拍不响，双方肯定都有不对的地方。当然，在讲道理的时候，不可以完全把过错都责怪在自己孩子这一方，不然孩子会受不了，要把握平衡度。

2. 不要放大孩子受的伤害

孩子打了架，家长不可出现过激的情绪反应，这样会使孩子无所适从。孩子们在一起玩耍难免会发生点"小事故"，有时孩子自己都没发现，但有的家长却刻意放大孩子身上受的伤。本来只是磨破了一点皮，家长却像孩子丢了半条命一样。这种极度保护的心理会很容易让孩子变得娇气，经不起磨难，不利于培养孩子的抗挫能力和坚强的性格。

3. 让孩子学会自己处理矛盾

孩子们的"战争"，只是孩子之间的嬉笑打闹、"权力/权利"争夺，均属于孩子从"以自我为中心"到"以建立和遵守游戏规则为契约的群体为中心"的"儿童社会行为"。在"战争"的"合理冲撞"下必然会产生矛盾，难免受到擦破点儿皮等伤害。只要不是暴力的，如以大欺小、恃强凌弱、率众欺寡使孩子受到严重伤害，家长应该静观其变，相信孩子能通过自己的智慧和能力处理好冲突。

所以在处理孩子打架的问题时，聪明的父母一开始是不插手的，更不会恃强凌弱，自己出头替孩子解决。粗鲁地介入孩子们之间的"战争"，还会使孩子们之间的矛盾上升为成人之间的矛盾。

4. 培养孩子用正确的方式解决问题的能力

吃亏不等于忍气吞声，在培养孩子豁达心境的同时，要告诉孩子，当自己的权益受到侵害时要学会保护自己，小时候可以求助于家长和老师，长大后可以运用法律，同时要远离危险。学习与人交往是孩子人生中的重要课程，孩子既要学习合理控制自己的情绪情感，又要学习用正确的方式与人交往，当孩子能站在对方的角度考虑问题时，很多冲突就会消失。孩子一旦学会了承担，他就不会把矛头对准他人，他会开始思考自己的行为是不是合理，会不会伤害别人。责任心会催生一种共情的心理。

 **拓展阅读**

最后推荐一套美国经典行为养成绘本，这套绘本包括《小手不是用来打人的》《声音不是用来呐喊的》等十本，从小朋友的角度告诉孩子们为什么要养成良好的习惯，以及正确的行为是什么样的。感兴趣的家长可以和孩子一起阅读。

下面故事里的父亲无疑是一位智者，他的教育方法或许会给你启发。

37 根钉子的故事

有一个男孩脾气很坏，于是他的父亲就给了他一袋钉子，并且告诉他，每当他发脾气的时候，就钉一根钉子在后院的围篱上。

第一天，这个男孩钉下了 37 根钉子。渐渐地，他发脾气的次数少了起来，每天钉下的数量减少了。他发现控制自己的脾气要比钉下那些钉子来得容易些。

终于有一天，男孩再也不会失去耐性乱发脾气了，他告诉了父亲。父亲告诉他：从现在开始，每当他能控制自己脾气的时候，就拔出一根钉子。一天天地过去了，最后男孩告诉父亲，他把所有钉子都拔出来了。

父亲握着他的手来到后院说："你做得很好，我的好孩子！但是看看那些围篱上的洞，这些围篱将永远不能恢复到从前的样子。你生气的时候说的话将像这些钉子一样在别人心中留下疤痕。如果你捅别人一刀，不管你说了多少次对不起，那个伤口都将永远存在。话语的伤痛就像真实的伤痛一样令人无法承受。"

这就是宽容。

这就是教育，就是智慧。

第二节　怎样和陌生人打交道

情景一

2011年12月14日晚7时许，在长沙铁道附小三年级读书的芊芊被一名陌生男子以问路为由，带上轿车，孩子有被拐骗的极大可能。所幸，孩子及时察觉出问题，寻机下车逃脱。

情景二

2008年8月，浙江省嵊州市一起绑架案的犯罪嫌疑人以"你爸爸叫我来接你，一起去吃饭"为借口，将一小孩骗到出租房里，套出了孩子爸爸的联系电话，索要钱财20万元，并撕票。

情景三

2011年元旦夜晚，长沙市福乐康城小区门口。小雨刚走到小区门口马路边，一辆汽车就停在她身边，车上一陌生男子向她打听去新华园小区的路。小雨很热情地告诉了对方路线，但该男子仍说自己不清楚，要求小雨上车带路。小雨说："我妈说过，不能上陌生人的车。"遭拒绝后，该男子竟公然在马路上强拖小雨，欲把她拉进汽车。危急时刻，一年轻女子冲小雨大喊一声："你妈妈要我来找你！"也许是做贼心虚，该男子迅速松手，撇下小雨驾车匆匆离开。孩子脱险。

从童话故事中的大灰狼，到屡见报端的绑架、拐卖案，一旦涉及孩子的安全问题，相信为人父母都会有些紧张。于是，"不要和陌生人说话"成为一些家长为孩子设立的新规。

然而陌生人真的这么可怕吗？如何防患于未然，成为大家热议的话题。

心有千千结

其实，"不要和陌生人说话"，这是当今社会最消极的防范方式。

"陌生人是危险的"是一种思维迷宫，孩子很容易在这种迷宫内迷失。首先是对陌生人该如何定义；其次是"不要和陌生人说话"会强调"熟人是安全的"，可是太多的案例已经表明，熟人有时也是不安全的。

如果在儿童时期就禁止孩子和陌生人交流，一味地进行恫吓式教育，灌输"陌生人都是坏人"的思想，会不利于他们长大之后的人际交往。况且还有一个不争的事实，即在拐卖儿童和其他侵害儿童案件中，有相当一部分都是熟人作案。所以，正确的方法不是一味地排斥陌生人，而是教给孩子如何与陌生人打交道。

家长要告诉孩子，哪些人是需要远离的，并不是所有的陌生人都是坏人。

有人曾经对幼儿园的孩子进行过调研，问他们哪些是有危险的人，孩子的答案里出现最多的竟然是"不好看的人""对我很凶的人""说话声音很大的人"。但我们知道，想要诱骗孩子的人一定不会凶神恶煞，都是看上去特别友好善良的。

再说，陌生人也有好人啊，例如在遇到困难时那些能够给人们提供帮助的解放军、警察、保安、医生及其他热心人士。当我们过于强调"陌生人是危险的"这个观点时，无疑间接强化了"熟悉的人就是没问题的"这个观点。

有些教育专家认为，"不要和陌生人说话"的叮嘱实际上是一种消极的防范方式，是将陌生人直接与坏人画上了等号。这种消极被动的应对方式，只能培育出封闭、自私、多疑、以自我为中心的孩子。相反地，应让孩子多接触陌生人，多接触陌生环境，从而学会辨别好人坏人，使孩子更快地适应环境。与人交往是一项非常复杂的脑力运作和学习过程，社会公共教育应促进孩子与陌生人的正常交流。

家长要教育孩子学会观察、分析身边的人与事，不被别人的花言巧语所蒙骗。一些青少年就是因为轻信他人，而被拐卖、被骗钱财，甚至被害身亡。我们应该教会孩子识别真假好坏的方法，让孩子凡事多动脑，多思考，不贪图别人小利，不被别人引诱，这样才不容易上当受骗，以致遭受伤害。

心灵小贴士

只要方法正确，就可以做到有备无患，事半功倍。如何和孩子讲他才会懂呢？

1. 你可以和孩子做问答练习和体验练习

通过情景练习，根据孩子的回答判断他哪些方面还不知道，需要你帮助他完善。

比如：

（1）如果你迷路了，该向谁问路呢？——求助不当，就会把信息透露给犯罪分子。

（2）如果有人送你做梦都想要的礼物或者诱人的食品、饮料，然后让你跟他走，你会怎么办？——你要根据孩子的回答设计问题，让孩子学习应该怎样做才是对的。

（3）如果有人要带你坐车去兜风、去游乐园玩，你该怎么办？——可以告诉孩子有礼貌地拒绝之后就离开那个人，绝对不要跟他一起去。

（4）如果迷路了，或者在街上感到有人跟随或者不安全时，该向哪些人求助？——可以向警察或者穿制服的人求助，最好躲进路边的商店、银行请求帮助。

2. 找安全地带玩耍

带孩子在社区里活动的时候，要让孩子明白，如果发生意外，附近哪里是可以求助的。告诉孩子不要去不安全地带，比如附近无人又有遮蔽的花园、黑暗的小巷子或者小树林；无论是出去玩还是去上学，最好找一个同伴。

3. 要特别注意来学校找他的人

如果有不认识的人以父母的名义来学校接孩子，一定要让孩子向老师求助，再向父母求证，否则绝不能跟着那个人离开。如果家长哪天去学校接孩子的时间比平时晚，应该事先就和孩子说好，提前跟老师打招呼，或者约好见面地点，避免坏人钻空子。

4. 不要上陌生人的车

告诫孩子千万不要搭乘陌生人的车辆。一些有预谋的犯罪分子常常以给孩子提供交通便利为手段，借机接近孩子，在车下对孩子做出热情、善良的样子，一旦把孩子骗上了车，则是一路连哄带骗、威胁利诱，直至最后才露出狰狞面目。还有一种情况是开车人见到搭车的孩子年幼可欺，或是觉得"天赐良机"，有了作案机会而顿起歹意。无论哪种情况都会对孩子构成极大的威胁。

所以，家长要让孩子记住：乘车外出，最好搭乘公共交通工具，尽可能地避免单独乘坐出租车，把危险性降到最低，以防坏人利用现代交通工具趁机拐骗、绑架。

5. 告诉孩子如何正确拨打报警电话

教会孩子拨打报警电话110。可以在电话里报告自己怀疑的情况，寻求警方的帮助。家长可以和孩子一起模拟遇到紧急情况拨打110的情景。

6. 明确告诉孩子，陌生人和你搭讪该怎么办

（1）和对方保持距离

告诉孩子，无论什么原因，如果一个陌生人向你靠近，应该大声地喊出来："停下！"陌生人若仍继续靠近，就要再次尖叫："不要！""我不认识你！"当陌生人伸手想碰孩子时，告诉孩子要立即跑开，并大声喊叫。要学会向身边的人求助，求助一定要有指向性，如："叔叔，我不认识他，救救我！"

一般来说，这样的行为可以让周围的人有所警觉，能及时来帮助孩子并确保他的安全。有的犯罪分子会以问路的名义行骗，当孩子给他指路后，他会进一步说：我是外地人，对这个地方不熟，我看你是个很热心的孩子，能

不能帮忙带个路啊？要告诉孩子，此时就要有戒备心了，拒绝就好。

如果搭讪的位置是很偏僻的地方，那就更得小心了。不要给对方太长的时间，只管走开，走到热闹的人群中去。

（2）不要接受陌生人的任何东西

家长平时要教育孩子，陌生人给的东西不能要，不要接受陌生人给的任何物品，也不能接受陌生人的邀请，和陌生人一起玩。有的骗子十分擅长揣摩孩子的心理，并且很会制造一些机会，给孩子提供食物、玩具、读物等，与孩子套近乎，轻易就消除了孩子的戒备心理，骗取了孩子的信任，达到行骗目的。家长要告诉孩子，如果缺少什么东西，应该跟父母讲，只要不过分，父母一般都可以满足孩子的要求。而那些时常提出过分要求的孩子，往往更容易成为拐骗、绑架案的牺牲品。

（3）不要同情心泛滥

要告诉孩子，很多骗子喜欢先把自己伪装成可怜的人，然后再来向你搭讪，以博取同情。记住，在外面不要同情心泛滥，对方真要有事，应该找警察，而不是找小孩。

（4）别信花言巧语

告诉孩子：当陌生人向你搭讪时，不管是向你介绍某种东西，还是说些套路的话，任他口吐莲花，都不要相信，也许这就是个甜蜜的陷阱。

家长还要告诉孩子：当一个人独自在家的时候，绝对不能给陌生人开门。有的骗子冒充工作人员，谎称上门抄水表、电表，检查管道煤气或有线电视设备，借口做商业派送或保险推销、快递投送，还有的谎称是物业或居委会治安检查人员，甚至是父母单位的领导、朋友、亲戚等。无论陌生人编造什么理由，使用什么借口，都必须坚决拒绝开门。如果他们胆敢在门外胡搅蛮缠，要迅速报警或想办法向邻居等可靠的人求救，还可以说"我父母正在休息，请你一会儿再来"，以防骗子或窃贼等趁大人不在时闯入室内行凶、盗窃实施犯罪。

（5）假装喊熟人

也许对方是看到只有孩子一个人，才主动和孩子搭讪的。这个时候，得让孩子机灵一点，可以对着远处喊，随便喊一个名字就好，接着快步走开，让陌生人错以为孩子有同伴。

　　授人以鱼不如授人以渔。父母被动地保护孩子，不如教会孩子如何自己面对。良好的自我保护意识是孩子健康成长的重要保障，只是许多家长容易忽视这方面的教育。孩子总有长大的一天，总有走出家门独立的时候，如果你已经未雨绸缪，我想这时候你就能坦然面对。

拓展阅读

5岁小孩智斗"人贩子"

　　南村小区最近突然就火了，原因是一个五岁小男孩乐乐（化名）智斗人贩子，成功脱身。

　　那天五岁的乐乐和奶奶在小区楼下玩，奶奶跟别人聊天，一转身孙子不见了。当时奶奶吓坏了，整个小区到处找，都没有发现孙子的身影，她赶紧打电话给孩子的父母，随后报警。

　　乐乐其实是被人贩子抱走的，当时他的嘴被堵住了，所以叫不出声来。那个人贩子还煞有介事地冒充是乐乐的父亲训斥他，这样路人以为是小孩子调皮被父亲骂，根本不会往"人贩子"身上想。

　　乐乐当时因为害怕所以又哭又闹的，不管怎么样都不肯走，最后被人贩子打了一顿之后，被强行抱着坐上了公交车。

　　乐乐还是哭闹不休，搞的全车人都有点不耐烦，都看着他。人贩子就装着乐乐父亲的角色，不好意思地给乘客们道歉，俨然一对亲父子。但是没有人知道，乐乐之所以这样哭闹并不是因为害怕，他是在向别人求助。

　　遇到这种情况，有些人可能会因为受不了孩子的哭闹而提出一些建议或者制止，只要有人开口说话，乐乐就有机会得救。可是车上几乎没人搭理他，有的人甚至还带上了耳机。

　　车子慢慢离开闹市区开往偏僻的地方，乐乐仍然哭闹，只是声音小了很多。当时乐乐跟人贩子一起坐在公交车的前排，突然车上来了一位老奶奶，乐乐灵机一动就要起身给老奶奶让座，并且他还大声说了出来。

乐乐的这个举动引起了很多人的注意，但人贩子就是不肯放手，还说："小孩子让什么座位，后面还有很多空位！"乐乐突然大声说："老师说的，见到老奶奶就要主动让座！"

老奶奶摸了摸乐乐的头，乐乐一下子就抓住老奶奶的胳膊准备起身，可是人贩子哪里愿意松手。这样一拉一扯老奶奶差点摔倒，然后就骂那个人贩子，人贩子也被搞得不好意思了。

而乐乐就抓住这个缝隙突然逃开，跑到司机师傅跟前，哭着求救说："那个人是人贩子，想要把我给卖了！"司机也十分机警，一下子就把乐乐抱到座位里面，把车门全部关上，然后报警。

当时车上的人都不知道发生了什么事。没一会儿，警察来了，把人贩子和乐乐一起带到了派出所，而就在此时派出所接到报案说有个小孩丢了，小孩的名字刚好就是乐乐的名字。最后人贩子被抓了起来。

这件事让乐乐的父母一下子有了知名度。懵懵懂懂的孩子却有着惊人的冷静和智慧，这也多亏了父母平时的教导。

第三节　谈谈生命与死亡

故事放送

《狮子王》里有这样一段对话：

辛巴：爸，我们是好伙伴，对吗？

木法沙：嗯，对。

辛巴：那么我们会永远在一起，对吗？

木法沙：辛巴，我来告诉你一些父亲告诉我的事。看看那些星星，过去那些伟大的君王，正在上面俯视着我们。（这里他爸爸并没有回避"有一天我会离开你"这个话题，只是用了比较委婉的说法）

辛巴：真的？

木法沙：是的。所以，当你感到孤独的时候，要记住，我们的先辈一直在指引着你，我也会。

《蓝蝴蝶》讲述了生与死的故事。在这本书中，塔依娜和兄弟姐妹们住在亚马孙丛林里，他们的日子充满了乐趣和新奇。不过，塔依娜最喜欢和爷爷

待在一起,听他讲故事。塔依娜的小猫死了,她很难过,这时候爷爷拉着他心爱的小孙女,来到河边那棵她常玩的大桉果树下,给她讲了生命生生不息的故事。

爷爷告诉塔依娜生命就像毛毛虫,当人们年老力衰离去的时候,就会像毛毛虫一样裹在一个茧里,然后变成美丽的蝴蝶飞遍全世界。爷爷说有一天他也会离去,他希望塔依娜不要伤心,可以想念他,他也会变成蝴蝶飞在丛林里。到时候,塔依娜眼中最美的蓝蝴蝶就是他变的,她会知道他过得很好。

爷爷去世后,塔依娜想念爷爷,她回到大桉果树下,一缕阳光穿过她头顶浓密的树冠,照射下来。那光是那么明亮,仿佛来自天堂。这时,她看到了一只很大的蓝蝴蝶,这是她见过的最美丽的蝴蝶。

在这个故事里,作者苏莉·梅尼以一种独特的、人们可以接受的方式提出"死亡"的主题。将生命比作蝴蝶,这真是一种独特的比喻。

我接触过一个男孩,他二年级时在病床前目睹了父亲离开人世的整个过程。妈妈为了不刺激他,从那以后不守着他谈"爸爸"。还有个三年级的女孩子,她目睹了爸爸在自己店里触电身亡的全过程,从那以后,变得不爱说话。这些无疑给孩子的心灵带来了重创。死者已矣,但那种小心谨慎的避讳,似乎成了大人们保护孩子的一种约定俗成。

生与死是生命的必然过程,这是无法左右的,我们所能做的是正确面对。在对待生与死这个话题的时候,孩子们往往会迷惑不解,家长往往也会粗枝大叶,一带而过。

面对懵懂的孩子,我们该如何来谈这个话题?作为父母,该不该让孩子接触"死亡"这个话题呢?怎样对孩子进行生命教育呢?

心有千千结

每次提及死亡,恐惧、无奈、惋惜、痛苦……一个个灰色的词语便跳出来。我们不愿直面死亡,因为它常常让人哀伤,但生老病死是每个生命都要经历的自然过程，回避不得。这些年随着各种自然灾害的频繁发生，社会中各种人为灾难的频遭曝光，"死亡"这个话题离我们越来越近。

其实，现实生活中有很多进行生命教育的契机。

清明节是我国重要的传统节日，这时人们缅怀英烈、祭奠逝者、悼念先人。"清明时节雨纷纷，路上行人欲断魂"，在上至智叟老人，下至五尺童子都耳熟能详的诗句里我们感受到了古往今来，人们思念亲人时生离死别的辛酸泪。

汶川地震，也许你还记得十几年前那种种揪心的场面，但是作为家长，会不会让年纪小小的孩子去关注电视报道里地震后家毁人亡的场景呢？

面对死亡，父母常常这样对孩子说：

第一种，把"死亡"捏造成一个美丽的童话故事。

第二种，把死比喻成"睡觉"，很多大人也会跟孩子说死亡就是"安安静静地睡觉，睡好久好久，永远都不起来"。

第三种，父母常会用"去很远很远的地方旅行了"来替代"死亡"。

这些说法都存在一定的问题，都没有直接面对死亡。在一次次天灾人祸面前，在弥漫的悲伤和恐慌之下，即使我们什么都不说，孩子们也会用自己的方式和感觉，去获知这些事情。事实上，孩子需要知道，死亡有时候离我们很近，只有懂得生命是多么脆弱的人，才知道生命有多可贵。

那么，我们该怎么引导和教育孩子，去理解生命与死亡呢？其实最好的方法就是自然而亲切地给孩子讲述事实的真相。

心灵小贴士

在一生中几乎没有人能躲开死亡对心灵的冲击。一个人如何面对亲人的死亡，如何面对自己的死亡，这些都需要我们去学习。现在孩子们接受的教育丰富多样，从课堂延伸到课外，艺术、科技、体育……但接受的关于死亡的教育几乎为零。在孩子们面前，人们刻意回避死亡这一话题。其实，告诉孩子什么是"死亡"，这是家庭生命教育最有必要的一课。那么究竟该怎样对孩子进行生命教育呢？

1. 应该直接告诉孩子"死亡"是怎么回事

一直从事"儿童的死亡认知"这一课题的心理学家玛利亚·那迪在研究报告中指出，9岁的孩子通常已经能够理解死亡。

大卫·伊戈曼在《生命的清单》里写道："死亡有三重。第一重死亡，是在你身体的机能停止运转之时；第二重死亡，是在你的身体被运送到坟墓中的时候；第三重死亡，是在未来的某一个时刻，你的名字最后一次被人们提及。"

生死本来就是个平常的话题，每个人都要面对生老病死，家长必须冷静，要以很平淡的口吻来谈这个事情，要让孩子平静地接受这个事实。

在美国，死亡教育是生命教育的核心内容。死亡教育作为教育的一种形式，名为谈"死"，实则是帮助孩子学会理性地应对生活中的死亡等不幸事件，让他们学会处理自己的哀伤情绪，以及对他人进行安慰，并逐渐懂得通过死亡事件来思考生命的意义。为了推广生命教育，美国成立了各种专业协会，出版了许多专业以及普及型的书籍、杂志，如《生死学》《死》等。此外，美国生命教育的实施也因地而异，采用的教育方式亦有所不同。

2. 从大自然中了解万物有"生"与"死"

如果觉得无从谈起，建议家长从养一盆植物、养一种小动物开始让孩子感受生命。比如让孩子养一盆花草，从花开花落，草荣草枯，让孩子逐渐认识到生命的过程。看到自然界中动植物的死亡，孩子也能感受到死亡是自然的一部分。对孩子而言，借助自然界中的事物来理解生命与死亡，是最简单的途径。

3. 告诉孩子，灾难会带给我们什么

灾难随时可能发生，意外应该尽力避免。

我们身边永远存在着危险，龙卷风、地震、洪水等自然力量，还有身边的水、电、火、交通等，都可能对我们造成伤害。天灾令人无奈，但人祸却可以避免。

九寨沟地震发生后，上海一个8岁男孩的妈妈，用文章告诉孩子："生命有很多恐惧，难以预料，也无法准备，而最关键的，也许就是在面对时让自己沉着、冷静、不害怕。生是一种本能，给自己争取足够的时间创造最好的环境，但不要为此去伤害他人、剥夺他人的生存环境。死也是一种本能，如果有一天幸运并没有来，那么坦然面对。"

当灾难来临时，不要跟孩子过度描述恐怖的细节，不要在孩子面前表现得过度恐慌、愤怒或焦虑，要尽可能准确地向孩子解释。对于孩子已经了解到的信息，适当地帮助他们理解发生了什么，告诉孩子我们可以为灾难中的人们做些什么。当孩子感到哀伤和恐惧时，及时安抚他们：父母会和你在一起，不会离开你。

心理专家认为，对灾难性事件的报道，很容易激发人们强烈的情感共鸣，而最容易受到这种情绪影响的并不是成年人，而是儿童。他们看到令人恐惧的画面，却不知道这些灾难本身都只是彼此孤立的个体事件，因此会担心这样的不幸会降临到自己和家人身上。让孩子接触过多灾难性新闻报道或许会使儿童心灵受创，这也是世界卫生组织不提倡的行为。要告诉他们，一切会很快恢复正常。

除了告诉他们灾难的本质外，告诉他们如何在突如其来的灾难中保护自己更为重要。

（1）你知道如果发生火灾、地震、踩踏等灾难时怎样保护自己吗？

（2）你知道如何安全逃生吗？

（3）你知道离家最近的避难场所在哪里吗？

（4）你和家里人讨论过逃生之后的会合地吗？

（5）你知道应该提前准备些什么物品来帮助家人安全逃生吗？

（6）你知道学校、居住小区的灭火器在哪里吗？会使用吗？

其实这些教育，学校老师会不厌其烦地讲，不要玩火，小心触电，不要在马路上打闹，未经许可不能私自去游泳，更不可随意跳进水中去救落水的人等等。老师不但讲安全的重要性，还会告诉孩子们自护自救的技巧。但是，这些只是理论知识，家长要在实践中加以引导，帮助孩子学会运用。

关于防溺水安全教育，学校一直在行动，为什么悲剧还在发生？因为总是有人不上心。我们迫切希望家长朋友们真正重视，切实履行好孩子的监护职责，要明白不论多忙，亲人的安全永远是最重要的。

拓展阅读

让死亡教育成为孩子爱的教育

说到死亡，墨西哥人是载歌载舞、搞怪化妆、把酒言欢的亡灵节，而我们则是欲断魂、悄无声息的清明节。早在1988年，英国就将"死亡和丧失"课程纳入了健康教育标准，对年龄低至11岁的儿童开展死亡教育。德国则有专门的"死的准备教育"，并配有专业教材，引导人们以坦然、明智的态度面对死神。

死对于成年人来说既熟悉又陌生，人人都听说过意外的降临，参加过几场葬礼，亲人的、朋友的、挚爱的……非到必要，没有人愿意主动谈起。从古至今，人们都在回避死亡，以至于家长也不愿意和孩子谈论与死亡相关的话题。在大家欲说又止的意识下，死亡对于孩子来说成了避而不谈的事情。

华东师大一份调查结果显示：63%的家长"难以接受向孩子开展和死亡相关的活动"。有人曾说，中国缺乏三种教育：性的教育、爱的教育、死亡教育。这三种概念，分别对应人生的三个支点：身体完整、灵魂充沛、生命价值。我们该如何与死亡和解？白岩松也说过，"中国人讨论死亡的时候简直就是小学生，因为中国从来没有真正的死亡教育"。

2017年热播动画电影《寻梦环游记》主人公Coco用他的异界寻亲之旅给我们上了一堂生动的"死亡教育"课：死并不可怕，也不是生命的终点，遗忘才是。看过电影的人都会感慨，其实这是我们接受过的最好的死亡教育。

儿童心理学家M. Nagy研究发现，3—10岁的孩子对死亡的认知，存在三个阶段：

第一阶段：认为死亡只是短暂的分离，死去的东西还会回来。

第二阶段：认为有些人，比如英雄、幸运的人，是不会死的。

第三阶段：认为死亡不可避免，它是生命中必然的过程。

这套认知理论，证实了孩子是会主动观察生命迹象的。

孩子在成长中总会遇到亲人的故去、心爱宠物的死亡，这样的时刻往往会带来强烈的内心震动。因此，为孩子讲解生死显得异常重要。地上有了落叶、昆虫死去了、宠物离去了，清明时节祭拜故人，这些都是我们对孩子进行死亡教育的好机会。

还记得6月份的杭州保姆纵火案吗？事发当时，舆论的声音太过喧嚣，掩盖了一封特殊的公开信。当同学遇难的消息传到班级后，教室里孩子们情绪失控，哭成一团。学校校长第一时间给孩子们写了一封信，他这样给孩子和家长说：

尽管谈论死亡绝非易事，我们建议您在与孩子谈起这件事时，可以采取以下策略：

（1）告诉孩子死亡的真相。

（2）允许孩子谈论自己的感受。如果这是孩子第一次失去身边的人，他可能会不知所措，需要您为他提供辅导。

（3）肯定所有的情感流露。真实的情感流露是值得鼓励的。我们应该默许孩子们的情绪，而不是视而不见或让他们压抑自己。

（4）鼓励孩子们以书面的方式表达自己的情感，比如写笔记、写信、绘画等。

（5）再次确认孩子是否安全，是否得到足够的爱护。

（6）确认孩子的反应是否正常，你是否充分理解孩子的感受。

（7）关注孩子是否表现出攻击性强、刻意回避他人等迹象。

（8）帮助孩子回归到尽可能正常的日常作息。

第四节　如何应对校园欺凌和校园暴力

 故事放送

事件一

某个小学生经常被同桌欺负,同桌用笔戳她的手臂,还用各种语言侮辱她,导致她神经衰弱,不敢上学。

事件二

某日上午,多名女生不断对一名女生拳打脚踢,多次将其打倒在地,那名女生并没有还手。被打者王晓今年13岁,在一所实验中学就读初一。参与打人的女生共有8名,年龄均在14岁左右,而这8人分别就读于不同的学校。

事件三

某月11日,轰动全国的连云港被打女大学生,遭受了多人殴打、扒衣、羞辱、拍照、剪发等令人发指的校园暴力,施暴者还将照片上传到网络上。

上面一个个的案例就发生在校园,最后这起打人事件中的施暴者竟然说是模仿网络上的校园暴力行为,所以她们才欺负同学。

如何让孩子远离校园暴力的伤害,成了很多父母深深思考的问题。既要让孩子不被校园暴力吓到,又要让孩子相信生活很美好,这是个多么难的问题。很多人一直觉得,不能灌输给孩子太多负面的东西,以免孩子生活得惶惶不安,不再相信人间有真善美。但现在各种伤害案件让我们无所适从,所以要让日渐长大的孩子适当地了解一些校园暴力伤害案,让孩子多一些警醒和防范,以避免受到不必要的伤害。

心有千千结

日本文部省认为,"校园暴力"的范畴有五大类:

第一是冷暴力:受害的学生被大部分学生孤立,任何活动都遭到刻意排斥。

第二是语言暴力:对受害的学生进行辱骂、威胁、散布谣言等。

第三是肢体暴力:采用殴打、故意碰撞等手段欺凌受害学生。

第四是强迫暴力:强迫受害者去做危险的事情,譬如偷东西,欺负别的孩子,或者接受让他蒙羞的事情。

第五是偷走受害学生的书包,强要其钱物,等等。

在这五大校园暴力类型中,冷暴力排名第一。这些暴力问题甚至向着刑事犯罪的方向发展,导致出现了软禁、拿刀威胁等犯罪问题。

我国对校园暴力进行的调查数据表明,在校园暴力事件的成因中,"日常摩擦"以55%的比例居首,"钱财纠纷""情感纠葛"分别以17.5%和15%的占比位列第二、三位。此外,另有7.5%的暴力事件是由"偏激心理"引发,这种心理带有很强的青春期烙印,甚至导致出现因看不惯对方相貌、行为而产生的欺侮、殴打等行为。

哪些行为是校园欺凌?即那些有意造成他人身体或心理伤害的行为。如:

言语方面:威胁、戏弄、辱骂、奚落、嘲弄和起外号等;

身体方面:打、踢、推搡、抓、咬,以及勒索、抢夺物品等。

欺凌可分为直接欺凌和间接欺凌。直接欺凌指欺凌者直接实施于受欺凌者；间接欺凌指通过某种中介来达到欺凌目的，如背后说人坏话、制造谣言和社会排斥等。另外还有一种网络欺凌。随着社交网络的发展，欺凌也从拳打脚踢蔓延到了网络上的污言秽语，包括社交网络上的言语攻击，威胁恐吓的邮件和短信，以及发布信息、照片令他人难堪的行为。

不管是暴力还是欺凌，都会对受害者造成伤害，导致受害者产生心理问题，甚至影响其人格发展，如导致受害者产生恐惧、消沉抑郁、忧虑等心理和胃痛、常常逃学、对老师不恭敬、寻求报复等行为。

一份对15个省市中小学的抽样调查显示，36%的在校学生被抢劫、恐吓等暴力行为侵害过。当说起"有没有被人欺负的经历"时，有70%—80%的学生表示受到过同学的欺负，大多数是受到了身体上的侵犯。其实学校里一直有一些没有引起老师重视的问题在不断发生，最常见的就是对物品的侵犯，如铅笔被人拿走，作业本被同学藏起来，小黄帽被同学扔过来扔过去等。被冷落也被看成受欺负的一种形式。

什么样的孩子会成为欺凌者、施暴者呢？
（1）霸道和冲动，倾向使用暴力欺压他人；
（2）以自我为中心，对受害同学缺少同情心；
（3）得到部分同辈的认同；
（4）行为上比其他同学突出。

有些孩子的欺凌行为是被家长"鼓励"出来的，他们以为这样可以避免自己的孩子受欺负。有的还会说，这是让孩子进行积极反抗和自卫，避免孩子养成懦弱的性格。所以这部分家长会教孩子：打回去！然而俗话说，强中自有强中手，恶人自有恶人磨。欺凌别人实际上是一种恶的倾向，这样的孩子长大后，处处要占上风，别人比他强他就受不了，总以欺压别人为乐。长此以往，他在人际关系方面就会出现很大的问题。

那么，应该如何教育孩子避免这种行为呢？

1. 要科学、艺术地教育孩子，千万别再用暴力

试想，一个人犯错误时，正确的做法是什么？应该是反省，反省自己做

出的不当，并吸取教训，及时纠正回来。但是经常挨打的孩子，他们的恐惧已经盖过了反省。

父母是孩子的第一位老师，当面对问题时，父母用暴力来解决问题，那么当孩子与小伙伴发生纠纷时，他理所当然地认为，只有打架才能让小伙伴顺从自己的想法。这也就解释了为何家暴家庭更容易出现少年犯。

暴力具有向后传递的特性，它从一代人传到下一代，又从下一代人传到再下一代。一个孩子喜欢暴力很可能是因为他的父亲是个"暴徒"，而他父亲之所以是个"暴徒"，又可能是因为他祖父也是个"暴徒"。芝加哥教育专家克拉克说：喜欢欺负别人的孩子是在家里学会用暴力方式解决问题的，他们同样是受害者。遇到问题，要用科学的态度和耐心细致的启发、引导帮助和鼓励孩子，有意识地教会他们理解别人、尊重别人，正确对待困难和挫折，妥善调节自己的心理和行为。

2. **教导孩子尊重他人，学会换位思考**

尊重他人不是简单的口头上说说"你要尊重我，我要尊重你"，而是从他人的角度思考问题。现在不少孩子在家时都是倍受关心，很少为别人付出，所以比较自私，不会考虑别人的感受，也不知道和他人分享。家长可以让孩子想想自己被同学起了外号时的感受，"己所不欲，勿施于人"。教育孩子和别人发生冲突时，不要再把消极情绪发泄到别人身上。要互相理解，互相尊重，共享成长的快乐。

心灵小贴士

作为家长都不希望自己的孩子在学校受欺凌，如果怀疑孩子受到了欺负，首先要弄清事实真相，而不是马上去学校、去对方同学家里讨说法。有时孩子之间的打闹，是孩子之间的社交尝试、游戏，或者善意的追逐，并不牵扯道德领域的是非。

儿童发展心理学家发现，在儿童社会交往也就是玩耍的过程当中，无论哪个国家，哪种文化，进攻性行为都在所难免。事实上，显示一些进攻性或许是儿童社交发展的必经之路。不幸的是，当孩子们确实因暴力欺凌行为受到身体、精神伤害时，他们又往往不愿意主动地向你透露。

哪些孩子容易成为受害者呢？易受侵害的孩子往往存在着或大或小的性格缺陷，如朋友很少在学校中十分孤单，有身体或智能障碍，沉默、表达能力不佳，性格或行为上有异于他人（如有特长、爱张扬）。

那么作为父母，应当注意哪些潜在的征兆呢？

（1）伤痕与淤紫；

（2）衣服被撕破；

（3）头疼、肚子疼、胃口差；

（4）失眠做噩梦。

如果孩子已经"被欺凌"，父母要尽可能地帮助孩子重新获得安全感，为他们提供足够多的关爱和支持。要注意倾听孩子的叙述，不要插话，更不要往深处追问，因为这时孩子可能会无意识地编造对自己有利的谎话。家长应细心观察孩子的眼神、表情、姿势和动作是否有异样，一定要"全面"地倾听、了解，不仅要听自己孩子的说法，还要了解多方的说法。认清事实很重要，不能夸大也不能化小，要帮助孩子表达他的感受。有时要明确地告诉孩子"这不是你的错"，给予孩子心理上的支持。

如果孩子遭受了欺凌，家长还要立即与班主任联系，请求班主任对事件进行调查，向学校求证相关信息的真实性，确认是否存在真实的欺凌行为，从而采取下一步措施。

什么是"校园冷暴力"

你小时候被同学起过绰号吗？胖的同学被称为"水桶"，瘦的同学被称为"泥鳅"，戴眼镜的同学被叫成"四眼儿"。这些可爱、有趣的昵称和绰号可以增进同学之间的感情，倒也无伤大雅，但是如果绰号伤害到别人的自尊心，甚至达到讽刺、辱骂的程度，问题就严重了。这就是校园冷暴力的形式之一。

除了给同学取难听的绰号，再比如班级来的新学生，被班级上几个同学排挤、孤立，这也属于"校园冷暴力"的范畴。

前两年，《中国青年报》对1999人进行了一项调查，调查对象主要来自"80后"和"90后"年龄层。86%的受访者认为身边存在校园"冷暴力"，60.1%的受访者认为校园"冷暴力"会在内心留下阴影。讽刺、辱骂和嘲笑被认为是最常见的校园冷暴力形式。

与"校园欺凌"一样，目前关于"校园冷暴力"并没有标准的学术或法律定义，但多数学者是这么解释的：校园冷暴力是校园暴力的一种，通常表现为老师的冷淡、轻视、放任、疏远、嘲讽或其他非暴力手段，以及不公正对待学生、监视学生动态等，或是一群学生刻意疏远、歧视、孤立、嘲讽某一学生，造成某一学生的精神和心理上受到侵犯和伤害。

怎样避免孩子成为"被欺凌者"

1. 教给孩子应对。跟孩子这样说，如果有人打你，你可以反抗，但是一定要注意分寸，你的反抗目的在于自卫，而不是伤害对方。我们不惹事，但也绝不怕事。只要你是正确的，我会永远跟你站在一起。

我们不教孩子用暴力手段去解决问题，不让孩子成为施暴者，但我们要教他判断是非，明白什么时候应该反抗，反抗时要注意什么。电影《美国狙击手》里，男主的父亲跟男主说过这样一段话：

世界上的人可以分成三类：羊、狼和牧羊犬。有些人认为邪恶不存在，他们不懂得保护自己，这些人就是"羊"；有些人使用暴力掠夺弱者，他们是"狼"；还有一类人，他们拥有强大的攻击力和保护羊群的天性，他们敢于和狼对抗，这类人是"牧羊犬"。

2. 平日教育孩子时，不要采用打骂等极端行为，否则会给孩子心理造成负面影响。对孩子要爱之有道，不要一味地满足其要求，言听计从。

3. 给予孩子更多的家庭关爱，注重和孩子的沟通与交流。尤其是单亲家庭，对孩子应付出更多的关爱，避免孩子形成自卑、孤僻的性格。

4. 教育自己的孩子不要去挑逗比较霸道和强悍的同伴，在学校不主动与同学发生冲突，一旦发生及时找老师解决。告诉孩子遇到校园暴力，一定要沉着冷静，可以采取迂回战术，尽可能地拖延时间。当在公共场合受到一群人胁迫的时候，应该采取向路人呼救求助的方法，这样会免去一些麻烦。

5. 告诉孩子上下学应尽可能结伴而行。上下学、独自出去找同学玩时，不要走僻静、人少的地方，要走大路。不要天黑再回家，放学不要在路上贪玩，要按时回家。

6. 让孩子参加自卫训练。有自我保护的能力总是好的，这些训练还可以大大提高孩子的自信心，减小他成为受欺负者的可能性。

7. 随时了解孩子在学校的情况，加强和孩子的沟通，告诉孩子被欺负时要想办法应对，事情发生后一定要告诉家长、老师或者报警，千万不能忍气吞声。父母有必要保持冷静，并把发生的情况告诉老师或校长。面对严重的暴力行为，应以法律方式来维护自身权益。

第四章　生活中有阳光也有阴影

第五节　如何进行性启蒙教育

大家还记得《城南旧事》吧？其中有一段"我"和妞儿的对话。

妞儿犹豫了一会儿，伏在我的耳旁小声而急快地说："我不是我妈生的，我爸爸也不是亲的。"她说得那样快，好像一个闪电过去那么快，跟着就像一声雷打进了我的心，使我的心跳了一大跳。她说完后，把附在我耳旁的手挪开，睁着大眼睛看我，好像在等着看我听了她的话，会怎么个样子。我呢，也只是和她对瞪着眼，一句话也说不出来。

我虽然答应妞儿不讲出她的秘密，可是妞儿走了以后，我心里一直在想着这件事，我越想越不放心，忽然跑到妈妈面前，愣愣地问：

"妈，我是不是你生的？"

"什么？"妈奇怪地看了我一眼，"怎么想起问这话？"

"你说是不是就好了。"

"是呀，怎么会不是呢？"停一下妈又说，"要不是亲生的，我能这么疼你吗？像你这样闹，早打扁了你了。"

我点点头，妈妈的话的确很对，想想妞儿吧！"那么你怎么生的我？"这件事，我早就想问的。

"怎么生的呀，嗯——"妈想了想笑了，胳膊抬起来，指着胳肢窝说：

"从这里掉出来的。"

说完，她就和宋妈大笑起来。

心有千千结

"我是从哪里来的呢？"调查显示，有47.37%的人说是"从妈妈肚子里来"的，32.57%的人说是"从垃圾箱里捡来"的，3.95%的人说是"洪水冲来"的，6.12%的人晒出了其他千奇百怪的答案。

面对孩子的逼问，你将如何回答呢？是不好意思说实话，编个故事告诉孩子他像孙悟空一样是从石头中蹦出来的，充话费送的，垃圾桶捡的，还是含含混混地说，是从医院抱出来的，抑或是抓住性教育的机会，告诉孩子，他是从妈妈的子宫生出来的。又或许你会说："你问这个做什么，等你长大就明白了。"这样做的一个直接后果是：孩子由于得不到答案，会将问题积淀在心里，长此以往，对父母的信任感会降低，而且提问题探索周围事物的积极性也会受打击。

当孩子问家长，为什么男生与女生上厕所是不一样的姿势，你又该如何回答？当孩子看着电视问你什么是强暴，什么是猥亵，你又要如何解释？

应该说，性教育在我国的发展不是一帆风顺的。《城南旧事》描写的是20世纪20年代末的事情，那时人们对"性教育"的认识还是很闭塞的。长期以来，"性教育"这三个字被关在了禁区。六七十年代，女性的着装和男性差不多，清一色的素装。改革开放让"性教育"打破了尴尬的处境。被称为80年代偶像剧的电影《庐山恋》，着实让青年热血沸腾了，因为这是中华人民共和国成立后一部首次有"吻戏"的爱情电影。之后电影、音乐等文艺形式，在客观上推动了中国性观念和性教育的进步。然而，对待"性教育"，我们仍然是尴尬的，束手无策的。

其实，对儿童进行性教育有两个主要目的，一是让孩子懂得尊重与保护自己的身体，二是要孩子对身体的各部位有正面的认识与看法。

许多孩子没有受过这方面的教育，又好奇，就会通过自己的渠道去了解。可是很多渠道不一定健康，许多盗版书籍或者不正规的网站会带给孩子错误的思想，而且青春期的孩子既有这方面的萌动又羞于启齿，加上自制力不强，容易做出一些让自己后悔的事。根据原国家人口计生委2013年发布的一组数据显示，中国每年人工流产多达1300万人次，位居世界首位，且25岁以下比例近五成，65%为未婚女性，低龄化问题越来越突出。性教育的缺失，导致了这一后果。

那么，性教育包括什么？

首先，教孩子正确认识性器官。

孩子上小学一年级前就应该了解身体各部位的名称及功能，懂得如何照顾自己的身体，确保自身安全与健康。为确保孩子在自己生病、受伤或受到虐待时能清楚地与人沟通并寻求帮助，我们要尽可能地教给孩子身体各部位的正确名称。这是教给孩子保护自己的一种手段，让他们明白什么是隐私，什么不能侵犯，敢于对过分的要求说不。名称也有助于你向孩子解释什么是性侵犯。

其次，给孩子树立性别意识。

性教育不只包括"性"，还有性别。要让小孩注意"男女有别"，从小就要给孩子树立性别意识。许多家长在孩子小时候不注重这方面的教育。比如在商场、饭店里，小孩子要去洗手间，家长就会很随意地把孩子带进去，妈妈把儿子带去女洗手间，爸爸则把女儿带去男洗手间；还有的在商场给孩子买衣服，试衣服时不去换衣间，而是当场就换衣服；更有甚者，竟让孩子在公众场所随地大小便，等等。这样做不利于孩子正确地认知男女区别，养成保护隐私的习惯。心理学家认为，幼儿阶段的性别教育比青春期的性别教育对孩子的影响更大，大部分的两性关系问题都可以追溯到幼儿时期。

再次，教给孩子保护隐私部位。

不管是男孩还是女孩，孩子从胎儿的时候就开始触摸自己的性器官了，这是很自然的事情。孩子因为对自己的身体抱有好奇心，所以通过触摸来证实。但是如果触摸的频度比较高，就有可能是向父母发出了寂寞的信号。陪孩子一起散步一起玩耍，会缓解这个情况。此外父母还应该注意孩子的性器官有没有发红症状或者有炎症。

发现孩子触摸自己的性器官，只强硬地说"不许摸那里"，孩子反而觉得父母对自己有所隐瞒。如果用委婉的方式说"重要的地方很容易受伤或生病，因此要小心对待"，孩子会更容易接受。平时要教孩子尊重自己和别人的身体隐私，重要的地方不能给别人看。家长也要做榜样，不要因为在自己家里就穿着内衣到处走动。家长给孩子擦完身体后，要用浴巾给孩子从胸部围好，并让孩子养成马上穿好内衣的习惯。

心灵小贴士

为什么许多家长在与孩子谈论性问题时感到困难？这是由于这些家长感到他们知识有限。还有一些家长认为有关性方面的知识，孩子知道得越少越好，担心跟孩子谈论这些问题会导致他们过早地进行性行为的尝试。而且许多家长也从来没有与自己的父母谈论过有关性的话题，不知道该怎样对孩子说。

1. 永远不要正式"谈性"

郑重其事地谈性注定是要失败的。应该找机会多谈谈跟性有关的问题，实施"机会教育"。越早和孩子谈论性越好。对学龄前儿童进行性教育最合适的方式，就是在平时对孩子的提问或相关行为给予适当反应。荷兰的孩子6岁进小学时就开始接受性教育，与学其他课程一样，孩子们还可以自己做研究报告，在餐桌上父母也会和孩子们讨论这方面的话题。而其观念的开放并没有像外界所担心的那样造成性泛滥，相反，荷兰拥有欧洲最低的青少年怀孕比率。

2. 要注意根据孩子年龄回答问题

这是非常重要的一点，要保证性教育内容的系统性和科学性，针对不同年龄层的孩子科普不同的性教育知识，保证他们能够顺利接受。

如果两三岁的孩子问你："妈妈，我是从哪儿来的？"这时你可以简单地回答孩子："你是在妈妈肚子里面长大的。"根据孩子年龄回答这个问题，但不需要把那些细微部分向孩子解释清楚；却也不能对孩子搪塞了事，最重要的是让孩子知道，你很愿意回答孩子提出的问题。对于大一些的孩子与其拐弯抹角，不如跟孩子好好解释："爸爸的精子和妈妈的卵子结合，在妈妈的身体里长成了你。"像这种回答其实并不会对孩子造成任何负面影响。或许他并不能理解这些抽象概念，你可以试着找一些图片给他看，跟他解释精子和卵子是怎么相遇的。同时，为了更好地帮助未成年人理解相关知识，还可以推荐相关的书籍或电影作为辅助性教育资料。

3. 看图说教

低年级的孩子，由于好玩儿，对有图案的东西会更感兴趣。家长们不妨利用孩子的这种心理特征去施教，在给孩子看图画讲故事的时候，顺势提出小问题，然后给孩子讲解其中的知识。

建议给孩子看看绘本《小威向前冲》，它用一种孩子们能够理解的语言及绘画方式，很科学地向孩子解释了"我是从哪儿来的"这个问题，既轻松又幽默。大一些的孩子可以看北泽杏子"生命的故事"系列：《男孩的秘密》《女孩的秘密》《神奇的孕育》《生命与爱的秘诀》。

还可以利用动物生态图鉴等向孩子解说性知识，以动物亲子关系作为题材，告诉孩子一些自然生态孕育子女的奥秘。

4. 慎重对待青春期教育

青春期就像一个技术高超的魔术师，它可以使混沌未开的孩子变成魁梧健壮的小伙子或婀娜多姿的姑娘。这些变化都是体内两性激素急剧升高的结果。随着时代的发展和变化，孩子进入青春期的时间提前了。平均而言，女孩在8—13岁进入青春发育期，男孩在9—14岁进入青春发育期。因此，如果一个14岁以下的男孩，除未发育外，身体没有明显的异常，则尽可以观察等待。如年龄超过14岁仍无任何青春发育征象，或从青春期开始到生殖器官发育完善的时间超过5年，则应视为青春期性发育延迟。但多数青少年最终还可达到正常的发育。

青春期教育应该在孩子四年级左右开始进行。要帮助孩子了解青春发育期个人身体可能会发生的变化及青春期对个人情感和人际关系的影响，让他们做好心理准备。

 拓展阅读

预防性侵的自我保护教育

根据上海市青浦区检察院未检办案组的案件分析显示,近几年,在侵害未成年人的犯罪中,80%为性侵害案件,集中在强奸、猥亵儿童等罪名上,被害人呈低龄化,14周岁以下的未成年人占比多于60%。

触目惊心!让未成年人尤其是女童学会自我保护,进行预防性侵教育刻不容缓。父母们无论多么努力,也无法对孩子做到24小时贴身保护,孩子总有独处、落单的时候,所以教会孩子自我保护、远离性侵害更关键。

1. 对于不当或不舒服的身体接触,要勇敢地说"不"。教孩子认识隐私部位,警惕五个警报。一般地,在生活中,我们都习惯性地告诉孩子泳衣遮住的地方就是隐私部位。这种方式虽然简单,但是通过这种描述孩子只能知道一个大概的范围,并不真的明白哪些地方是隐私部位。

对于大一点的孩子,其实大可不必讳莫如深。我们可以跟老师一样,非常坦然地告诉孩子:男孩的生殖器官和屁股是隐私部位,女孩的乳房、生殖器官和屁股是隐私部位。这些部位是不可以给外人看或者触碰的。如果有人要看你的隐私部位,或者让你看他的隐私部位,这叫作"视觉警报";如果有人谈论你的隐私部位,这叫作"言语警报";如果有人触碰你的隐私部位,或者叫你触碰他的隐私部位,这叫作"触碰警报"。

2. 不要独自到偏僻的地方去,如无人管理的公厕等。

3. 避免黑夜单独外出,如有特殊情况要父母接送。

4. 父母不在身边,不要轻易接受陌生人或他人的饮料和食品。

5. 衣着打扮要得体,不能太暴露,不要随意显露自己身体的隐私部分。

6. 上学、放学或者外出时随时与家长保持联系,要尽量结伴而行。

7. 不单独和异性待在一个封闭的空间里,即使是在异性老师的办公室,也要开着门。不要随便到歌厅等娱乐场所,不单独和异性约会,尽量不在同学家留宿。

8. 不在网络上和陌生人聊天和视频。